Elzita Ladeia Teixeira

o sonho de um caboclo

ROMANCE

INSTITUTO DE DIFUSÃO ESPÍRITA
Av. Otto Barreto, 1067 - Caixa Postal 110
CEP 13602-970 - Araras - SP - Brasil
Fone (19) 3541-0077 - Fax (19) 3541-0966
C.G.C. (MF) 44.220.101/0001-43
Inscrição Estadual 182.010.405.118

IDE EDITORA É APENAS UM NOME FANTASIA UTILIZADO PELO INSTITUTO DE DIFUSÃO ESPÍRITA, O QUAL DETÉM OS DIREITOS AUTORAIS DESTA OBRA.

www.ide.org.br
info@ide.org.br
vendas@ide.org.br

Capa:

César França de Oliveira

1ª edição - julho/2004
10.000 exemplares

FICHA CATALOGRÁFICA

(Preparada na Editora)

Teixeira, Elzita Ladeia, 1938-

T266s *O sonho de um caboclo* / Elzita Ladeia Teixeira, Araras, SP, IDE, 1ª edição, 2004.

192 p.

ISBN 85-7341-317-4

1. Romance 2. Espiritismo. I. Título.

CDD-869.935
-133.9

Índices para catálogo sistemático:

1. Romance: Século 21: Literatura brasileira 869.935
2. Espiritismo 133.9

AGRADECIMENTOS

Sou grata à Espiritualidade Maior, que confia em mim, dando-me a oportunidade de concluir mais este trabalho, feito com muito amor e dedicação.

Meus agradecimentos sinceros àqueles a quem Deus permitiu estarem comigo em aprendizado nesta existência:

meu esposo, Aderbal;

nossos filhos: Aderbal Filho, Adelmo e Arquimedes;

nossos netos: Talita, Bruno, Victor, Felipe e Luís Gustavo.

Que Deus nos abençoe.

ÍNDICE

PREFÁCIO

Uma obra literária concentra vários mecanismos que agem direta e indiretamente na formação dos valores de uma sociedade.

Desde a obra mais simples que objetiva unicamente o lazer até as obras mais complexas que tratam de questões inerentes à constituição do universo ou da própria vida, sem exceção, causam repercussão no meio onde atuam.

Quando alguém se propõe a escrever, quer atingir algum objetivo e o faz de maneira racional, intuitiva ou mediúnica. Sabe que, a partir da publicação, perderá o controle sobre a repercussão do que escreveu, pois um livro é semelhante a uma pedra atirada à superfície tranqüila das águas de um lago. As idéias escritas nas páginas estarão irradiando o tempo todo em todas as direções. E esta irradiação pode ser luminosa ou doentia sobre as mentes que absorverão o conteúdo sem que o seu autor jamais tome conhecimento do potencial atingido.

Portanto, escrever não requer apenas talento especial, mas sobretudo um acurado senso de responsabilidade ética.

Esta é uma incursão corajosa de Elzita, pois não se

trata de um simples romance que distraia os leitores com uma narrativa interessante. Ela vai muito mais fundo, pois aborda questões de ordem moral, toca de maneira direta na lei de causa e efeito, elabora avaliações acerca da reencarnação e tece comentários sobre as conseqüências no mundo espiritual, de atos praticados na carne.

Algum leitor poderá até concluir que o drama de Rodrigo e Cayana seja algo impossível de ocorrer na vida real, limitando-se a uma ficção só possível em filmes e novelas.

Quero afirmar, com a mais absoluta convicção, que as inúmeras coincidências deste romance são perfeitamente factíveis, pois nesta vida não existem acasos e estamos o tempo todo interagindo com Espíritos encarnados e desencarnados, com os quais precisamos resolver pendências desta e de outras vidas.

Elzita, além de oferecer uma obra muito agradável, onde trata de assuntos sérios com suavidade e elegância, brinda seus leitores com um belo poema intitulado Virtude – Vício – Amor, no capítulo XXVIII, que expressa sua visão otimista da vida.

Muita Paz!

Luiz Bassuma

Luiz Bassuma é conferencista espírita, Deputado Federal e autor do livro *Espiritualidade, um novo paradigma na globalização.*

I

SECA

Era mês de agosto. No sertão do Nordeste, o Sol estava abrasador. Tudo seco. Os rios deixaram de correr, ou melhor, não possuíam nenhum movimento. Aqui e acolá, no seu leito, algumas poças de água estagnada. Os lagos e lagoas já nem existiam; só restavam imensas rachaduras na terra seca, formando profundas fendas que serviam de esconderijo para os répteis perigosos. Algumas cacimbas de água salobra eram providenciadas para os primeiros socorros. O gado que ainda restava na região se encontrava descarnado; muitos tísicos pela fome e sede. As aves debandavam em revoada para os locais distantes em busca de alimento.

Ali e acolá, o majestoso juazeiro exibia o verdor da sua grande copa, oferecendo-se como abrigo ao viandante fatigado. O sertanejo padecia de barriga vazia, não tendo coragem nem para pensar em tomar uma iniciativa.

No Salto da Onça, Severino morava num mísero casebre de sapé, coberto de palha, de chão batido; não possuía uma mesa, nem cadeira; num canto do único cômodo que existia, sobre uma forquilha, estava o pote de barro de água de beber. Em outro canto, um jirau que servia de cama, protegido por uma esteira coberta de trapos. Ali, vivia aquele homem com a sua família, resgatando o quê?... nem ele mesmo sabia.

Sua mulher, D. Vanja, chorava por não ter nada para cozinhar, nem mesmo caça ou folhas verdes. O pequenino sugava os seios murchos e vazios, gritava e esperneava, e a mãe, coitada, tinha vontade de morrer, sumir, sei lá mais o quê...As crianças esqueléticas, de olhar tristonho, nem tinham ânimo para brincar. Severino ficava horas e horas parado, olhando o céu, em busca de uma nuvem esperançosa.

Era tardezinha, o Sol já se escondia no poente, nuvens púrpuras enfeitavam o horizonte; no coração sofrido de Severino, aquela beleza da natureza era como se fosse uma lança cravando no seu peito. Sabia perfeitamente que o dia seguinte seria de sol bem quente e nada de chuva. Ele se desesperou; o pobre homem não sabia mais nem orar; mesmo assim, exclamou: "Deus! Meu Deus! O que fiz eu e meu povo para merecer tão grande castigo? Tenha piedade, Senhor! Não deixe que a gente morra de fome e sede... Perdão, Senhor! Perdão!..."

Devido à fraqueza em que se encontrava, Severino teve um delíquio. D. Vanja e as crianças, desesperadas, choravam e clamavam: "O que será de nós sem ele, meu Deus?"

Sua mulher levou um pouquinho de água à sua boca. Pouco a pouco, ele recuperou os sentidos, mas continuou debilitado.

Ao amanhecer, o milagre aconteceu. Aquelas nuvens vermelhas, que deveriam ser prenúncio de sol, trouxeram o inesperado: o céu cobriu-se de escuras e pesadas nuvens e a chuva caiu em abundância; encheu tudo o que estava seco; os rios transbordaram.

A alegria banhou os corações daquela gente que chegou até a sentir felicidade. Era uma felicidade relativa por causa da falta da Mariazinha, que há dez meses havia desaparecido e até então nenhuma notícia dela.

O casal tinha cinco filhos: Mariazinha, a primogênita, de treze anos; os outros eram: Zezinho, Rute, Toninho e Nezinho, o caçula.

Severino e D. Vanja sabiam contar o que era a vida de um pobre sertanejo. O pedacinho de terra que possuíam era quase improdutivo porque o terreno tinha muitas pedras e não dava para a sobrevivência da sua família. O que fazer? Tinham vontade de mudar de vida. Quem sabe se um dia não conseguiriam?!

II

O SUMIÇO DA MARIAZINHA

Um dia, a mocinha saiu para pegar lenha, pertinho mesmo de casa. Era uma manhã ensolarada. Mariazinha falou:

– Minha mãe, já vou pra lenha...

– Sim, filha, cuidado com os bichos peçonhentos.

– Tá bom.

A mocinha, franzina, meio moça, meio menina, apesar da desnutrição, parecia contente, ia despreocupada, cantarolando pelo caminho. Em dado momento, Mariazinha sentiu um ligeiro passamento e sentou-se numa pedra. Sua vista escureceu. A partir daí, ela perdeu a noção de tempo e espaço. Saiu andando, andando, sem destino; quanto mais andava, mais se afastava de casa. Sentia muita fome e sede; já bastante cansada, descansou à sombra de um juazeiro. Nessa altura do tempo, a menina não sabia mais o seu nome, nem a sua origem. Havia perdido totalmente a memória; lá, debaixo do juazeiro, passou a noite. No dia seguinte, Mariazinha levantou-se toda arranhada de garranchos, suja e rasgada a roupa. Os cabelos louros e ondulados agora estavam assanhados e embaraçados. Não precisava dizer nada, quem a visse ficava sabendo que se tratava de uma louca, porém inofensiva. Depois de tanto andar, chegou a uma região onde havia mato verde e água em abundância. Aí, ela ficou alguns dias; depois, seguiu viagem, sem destino.

Os pais da menina, percebendo que ela demorava muito a retornar para casa, preocupados, foram à sua procura, porém em vão. Ficaram desesperados, procuraram por muitos dias e nenhum vestígio. Deram-na como morta.

Mariazinha já estava muito longe de casa.

Dez dias depois de andar sem destino, alimentando-se Deus sabe de quê... a mocinha aproximou-se de uma próspera fazenda. Ela não sabia nem pedir; chega num estado deplorável; deitou-se à sombra de uma árvore.

Jorge, um funcionário da fazenda, homem de confiança do senhor Juvêncio, percebeu aquela menina-moça, caída ali, correu e foi levar a notícia a D. Eugênia. A bondosa senhora ordenou que a menina fosse trazida para as dependências da casa e que fosse cuidada. Arranjou algumas roupas e calçados para ela. D. Carmita, a esposa de Jorge, notou que a menina era inofensiva e cuidou de lhe dar banhos, tratando-a com muito carinho. Foi preciso cortar-lhe os cabelos, bem curtinhos, para poder penteá-los.

Jorge perguntou:

– Quem é você, menina?

– Não sei...

– Como se chama?

– Não sei...

– Onde seus pais moram?

– Não sei...

– Eh, só lhe chamando de “não sei”, porque você não sabe de nada.

Disse D. Carmita:

– Não. Nesse caso, vamos chamá-la de Aparecida, porque ela apareceu à nossa porta, e vamos cuidar dela com muito carinho.

A partir desse momento, Mariazinha ganhou um novo nome, passou a ser chamada de Aparecida. Assim, ela foi vivendo ali, no meio daquela gente boa e compreensiva, foi aprendendo a falar, a expressar os seus sentimentos: dores, alegrias, tristezas, etc. Aparecida (Mariazinha) não recordava nada do seu passado.

Ali, ela era uma pessoa muito especial, tinha liberdade de ir aonde quisesse. Andava pela fazenda toda, sem que ninguém a aborrecesse. Todos os trabalhadores tinham ordem do patrão para respeitá-la. Era como se fosse um animalzinho de estimação.

Os anos passaram. Aparecida já fazia parte daquela comunidade de serviçais; ela, porém, não tinha salário, pois não conhecia dinheiro, nem o seu valor. Quando ganhava uma moedinha, deixava-a em qualquer lugar. Gostava de fazer alguma coisa, como varrer os terreiros, cuidar das galinhas, dos porcos, lavar as louças, não gostava de andar suja, era sempre limpa e penteada. Para todos, ali,

Aparecida era uma pessoa muito querida. Tinha um quartinho só seu, de que ela cuidava direitinho.

De cor branca, cabelos louros e olhos cor de mel, nariz afilado, boca bem feita, enfeitada por um sorriso ingênuo. Se Aparecida tivesse uma boa cabeça, seria mulher desejada por qualquer homem, para nenhum botar defeito.

A ordem do patrão era que, se algum deles abusasse dela, além de perder o emprego, teria de haver-se com a polícia. Foi assim que todos aprenderam a respeitá-la.

III

A FAZENDA SOL NASCENTE

A fazenda Sol Nascente era bem localizada, numa área de terras férteis. Caracterizava-se pelo verdor. Árvores seculares de madeira de lei eram preservadas. Cortava a fazenda, um rio permanente, cujas margens eram utilizadas para as diversas culturas, principalmente para o cultivo das hortaliças. Grandes pastagens eram cultivadas. A paisagem era de uma beleza espetacular que tocava o mais recôndito da alma de qualquer ser vivente. Aquele lugar, para ser um paraíso, não deixava nada a desejar. Era mesmo uma dádiva de Deus.

Caro leitor, é preciso dar uma paradinha para reflexão... Diz o adágio popular: “Deus escreve certo por linhas tortas” A verdade é que Deus escreve certo por linhas certas.

Mariazinha, uma menina paupérrima, vivendo na penúria em companhia dos seus familiares, e a sábia natureza proveu aquilo tudo para que a nossa protagonista chegasse até aqui e que houvesse tais mudanças, até no seu próprio nome. Prova de que o destino está preparado para cada um de nós e nós devemos estar do mesmo modo, preparados para ele.

Um dos costumes de Aparecida era sair todos os dias

à tardezinha, depois de realizar os seus afazeres, levando a sua toalha e roupas limpas, para tomar banho de rio. Ficava horas e horas brincando na água. Ninguém a incomodava, nem se preocupava, porque já havia se tornado um costume.

Um dia, Aparecida subiu mais o rio e encontrou um local muito mais convidativo para se banhar. Ficava mais distante de casa e assim ela passou a freqüentar esse novo paraíso.

Poucos anos antes, essas regiões eram habitadas por uma tribo de índios que foram expulsos de suas terras e, por conta disso, muitos fugiram para outros lugares, ficando aquela região sem aqueles nativos. Na época em que tudo aconteceu, havia um indiozinho ainda adolescente, que, devido às circunstâncias, se desintegrou da tribo, escondendo-se no galho de uma grande árvore e ficando sozinho naquela floresta. Ele se chamava Cayã e já estava aparentemente com os seus vinte e cinco anos. E foi nessas andanças de Aparecida que ela conheceu o índio Cayã.

Todos os dias, no mesmo horário, ele ficava na árvore, observando a sua deusa despir-se e cair na água. Um dia, de cima da árvore, Cayã jogou um pedacinho de caule na direção de Aparecida. Ela olhou, sorriu e acenou com a mão, convidando-o a descer. O índio, desconfiado, aproximou-se devagarinho. Ela jogou água nele e os dois inocentemente se entenderam e se amaram.

Todos os dias a cena se repetia. Passaram os dias, os meses, e Aparecida tornou-se mulher.

Certa tarde, um trabalhador daquela estância, o Tiãozinho, saiu a caçar com a sua espingarda cartucheira, quando deparou com o índio mantendo relações sexuais com a sua menina Aparecida, por quem ele, o caçador, nutria grande paixão. Sentindo seu amor ferido e traído, disparou a sua arma contra Cayã, não dando tempo de ele se defender.

Aparecida, despida, abraçou o corpo inerte do seu amor, e ficou inconsolável. Tiãozinho arrastou o corpo do índio para dentro do rio, cobriu-o com galhos de árvores e deixou-o debaixo d'água. Aparecida, chorando; o malvado a fez vestir-se, e a levou para casa.

Tiãozinho, achando que fizera um ato de bravura, disse: "Um desconhecido abusou da menina, morre. Assim o matei 'no flagra'".

Aparecida ficou inconsolável, recolheu-se no seu quarto e a única palavra que pronunciava era: "Cayã... Cayã... Meu Cayã"

IV

ASSIM NASCEU O CABOCLO

O clima na fazenda Sol Nascente entrou em desarmonia. Todos repudiaram o desatino do Tiãozinho, mesmo porque era uma aventura de Aparecida e ela tinha todo o direito de amar e ser feliz, não importava de que forma.

Os dias passaram. A jovem, trancafiada no seu quartinho, não tinha ânimo nem de pôr a cabeça pelo lado de fora. Todos se preocupavam com a sua saúde. Agora, aquela criaturinha tão bela e despreocupada apresentava, no semblante, traços de tristeza e de infelicidade.

O momento era constrangedor.

Alguns meses após, o corpo esbelto da jovem começou a se transformar; tomava a aparência de mulher, porém ela, na sua ingenuidade, nem compreendia que estava prestes a ser mãe. Ficou muito debilitada. Só quando sentiu algo movimentar-se no seu ventre, é que a futura mamãe, com o instinto materno, pressentiu que Cayã, seu único e verdadeiro amor, não morrera, que um novo Cayãzinho iria chegar.

A barriga cresceu, e ela, deitando-se na rede, punha as mãos sobre o ventre volumoso, acariciando-o e cantando cantigas de ninar. Era muito emocionante. As pessoas observavam e se encantavam com a grandeza da ingenuidade daquela alma.

A família do senhor Juvêncio era constituída por cinco pessoas: senhor Juvêncio, D. Eugênia, sua esposa; Eulália, Eulina e Euclides, o caçula.

Eulália, a primogênita, contraíra matrimônio com o fidalgo fazendeiro Epifânio.

As fazendas ficavam próximas uma da outra: Sol Nascente e Monte Alegre. Na fazenda Monte Alegre, o casal, já havia algum tempo, esperava por um herdeiro; um herdeiro mesmo. Epifânio nutria um forte desejo por um filho varão; chegava até a dizer: "Se nesta casa nascer uma menina, eu me recuso a aceitá-la como filha." Eulália, sua esposa, se preocupava, porque seu marido era um homem durão e nunca voltava atrás no que dizia. Ela, já grávida de três meses, ficou com a saúde abalada, debilitada, e a preocupação de ser uma menina a fazia sofrer mais. Assim, a sua gravidez era preocupante.

Os dias passaram, passaram também os meses; a gravidez de Eulália inspirava cuidados. E o medo de vir uma menina deixava-a aterrorizada, pois ela sabia muito bem da rejeição do senhor seu marido. Ela sofria muito por isso tudo.

Lá na fazenda Sol Nascente, Aparecida já estava completando os nove meses de gestação. Por precaução, D. Eugênia contratou a parteira da família, sinhá Jovina, para acompanhá-la, no seu quartinho. Caso ela viesse a sentir dores durante a noite, assim teria a assistência necessária.

Em Monte Alegre, Eulália, bastante fragilizada, já estava com sete meses de gravidez. O seu esposo precisou fazer uma viagem à capital a fim de resolver problemas de negócios, o que não deveria prolongar-se por muito tempo. Eulália ficou sob os cuidados da governanta Tereza. Durante a viagem de Epifânio, sua esposa, em Monte Alegre, sentiu dores que deveriam ser prenúncio de um parto prematuro.

Tereza despachou Antônio, o caseiro, para trazer de Sol Nascente a parteira, sinhá Jovina, que se encontrava em companhia de Aparecida.

Ao chegar a Monte Alegre, sinhá Jovina encontrou a parturiente muito mal, sem sentidos, e tomou de imediato as providências cabíveis. O inesperado aconteceu. Nasceu uma menina, muito frágil e quase sem esperança de vida. Eulália continuava sem sentidos. A preocupação das duas assistentes redobrou, e elas armaram um plano: "Aparecida acabou de dar à luz um belo garoto esta noite; e ninguém ainda está sabendo; por que não trocá-los? Para ela, Aparecida, nenhuma diferença vai fazer, enquanto o Epifânio não aceitaria mesmo essa criaturinha indefesa; uma menina semi-morta..."

– Deus nos perdoe – disse uma.

– Amém – disse a outra.

Era noite de plenilúnio. Sinhá Jovina saiu bem depressa, levando um embrulho debaixo do seu xale. Enquanto isso, Tereza ficou, tremendo, orando para que tudo desse certo. Sinhá Jovina chegou à fazenda Sol Nascente, no meio da noite, penetrou no aposento de Aparecida, fez a troca, e retornou a Monte Alegre, de imediato.

O plano foi realizado com perfeição.

Eulália recuperou os sentidos e viu ao seu lado um lindo garoto; não coube em si de contentamento, sentiu-se aliviada, por ser um menino, e agradeceu a Deus pela oportunidade que lhe foi concedida.

Epifânio, ao retornar à sua casa, encontrou a grande surpresa, e sentiu-se a pessoa mais feliz do mundo – privilegiado. Deu à criança o nome de Rodrigo Neto, em homenagem a seu pai, que se chamava Rodrigo.

Do mesmo modo, Aparecida, ao despertar, observou a sua frágil filhinha e, vendo que era uma menina, começou a chamá-la de Cayana.

Colocou-a ao peito para mamar. A menina pareceu adquirir alma nova, sugando o seio da querida mamãe que Deus lhe deu.

O tempo passou. Em ambas as fazendas, ninguém desconfiou de nada. O segredo permanecia só entre as duas mulheres.

As crianças foram crescendo normalmente. O interessante era que, quando elas se encontravam, havia uma afinidade tão grande, que dava gosto vê-las se divertindo juntas. Havia sempre uma interrogação: Por que tanta amizade entre as duas crianças?

O tempo iria dizer.

V

A VOLTA DE CAYÃ

Convém-nos fazer um parêntese neste capítulo para falarmos um pouco do índio Cayã.

No momento em que o casal Cayã / Aparecida foi pego no "flagra", como disse o Tiãozinho, ele os surpreendeu com um grito: "Larga a menina, vagabundo!" Com o susto, o índio se levantou de vez e o Tiãozinho disparou a arma, e o tiro atingiu fatalmente o peito esquerdo de Cayã. O desfecho, todos já conhecem.

Pois bem, o corpo do índio foi descartado. E o Espírito? É deste que ora vamos falar:

No momento em que Aparecida abraçou, chorando, o corpo do Cayã, já sem vida, o criminoso conseguiu separar os corpos; todavia, o Espírito continuou junto à sua amada.

Quando ela, chorando, dizia: "Cayã... Cayã...meu Cayã", ele respondia: – Estou aqui; não chore, meu amor! Só que ninguém o ouvia. Foi assim que ele, Espírito, ficou ao lado dela por alguns dias.

Nessa ocasião, Eulália foi à casa dos seus pais passar alguns dias. A morte do índio e a tristeza de Aparecida eram o assunto em foco, ou melhor, do momento.

Cayã, amparado por benfeitores amigos, adormeceu; como as vibrações e a sintonia do momento eram propícias e afins, ele, Espírito, nelas se envolveu. Como Eulália já estava num momento propício de conceber um filho, e como os laços das almas afins eram muito fortes, o acoplamento foi imediato. Foi assim que, com dois meses de desencarnação, ele voltou a reencarnar naquela família; agora, não mais como um forte índio, mas sim, como uma frágil menina.

Assim são os desígnios de Deus. Observemos, pois, que a troca dos bebês não foi por acaso. Tudo na vida tem uma razão de ser. O certo é que Cayã voltou para os braços da sua amada. Agora, num sentimento bem mais forte e puro: o amor materno.

Epifânio era um homem preconceituoso e muito radical; não aceitava, por hipótese alguma, a aproximação das crianças, prevendo maiores complicações no futuro. Essa proibição deixava Rodrigo triste e revoltado. Ele não conseguia entender por que seu pai não gostava da sua amiguinha.

Cayana era uma menina meio nervosa. Era branca, de cabelos e olhos castanho-claros, nariz bem feito, lábios finos, e era de um temperamento forte. Havia quem dissesse que ela trouxera os traços da mãe, Aparecida, e que não tinha nada de índio (falavam assim, porque desconheciam a sua origem).

E Rodrigo? Esse era um menino forte, decidido, traços acentuados, moreno-claro, olhos cor de mel, cabelos castanho-escuros, nariz grosso. Rodrigo, portanto, era caboclo. Ele tinha uma personalidade firme; mesmo ainda pequeno, já sabia o que queria. Desde cedo, alimentava um grande sonho na sua vida: ser médico; não um médico de gabinete, mas aquele médico dos pobres, dos menos favorecidos, dos desamparados, do preto, do branco, do índio; enfim, médico do amor.

– Eulália, deixe de colocar grilos na cabeça do nosso filho – dizia Epifânio. Onde esse menino tem ouvido essas coisas? Só pode ser você que o fica encucando, com suas idéias sonhadoras. Onde já se viu uma criança de seis anos com essas idéias?

– Não, Epifânio, eu não falo nada disso com ele, fico também admirada: de onde essa criança vem tirando essas idéias?

– Eu já disse e ordeno que ele há de ser um agrônomo para administrar todas essas terras e fazê-las produzir muito. Você não vê como ele se interessa pelas plantas?

– Sim, eu sei, mas isso é coisa dele mesmo.

Nesse dado momento, entrou Rodrigo, dizendo:

– Olhem, papai e mamãe, quando eu crescer, não vou deixar ninguém ficar doente, eu vou curar todas as pessoas, e vocês, os meus pais, nunca vão morrer, porque não vou deixar.

Epifânio achou graça da ingenuidade do filho e explicou: "Não, filho, ninguém nasce para ficar de semente. Todos hão de morrer um dia. Todo ser vivente nasce, cresce e morre. Assim é a lei de Deus."

– Está certo, mas eu vou fazer sarar todas as pessoas.

– Sim, meu filho, que Deus o abençoe, no seu ideal.

Desse dia em diante, o Sr. Epifânio passou a aceitar o sonho do seu filho.

Os anos passaram, Rodrigo cresceu, foi estudar fora, na capital da Bahia. Tornou-se um médico, dos seus sonhos.

VI

A MUDANÇA

Um ano após aquela chuva milagrosa em Salto da Onça, que não foi simplesmente uma chuva de águas, mas sobretudo de bênçãos, tudo na vida daquela família começou a mudar. O certo é que ainda mais um ano eles viveram precariamente; numa miséria relativa, porque não estavam passando fome e sede como dantes.

Certa manhã, por volta das dez horas, chegaram três homens a cavalo e aproximaram-se daquele casebre. Cumprimentaram-se. Severino, acanhadamente, convidou-os a entrar e ficar à vontade. Um dos visitantes dirigiu-lhe a palavra, apresentando-se como Cornélio, responsável por aquela missão, deixando transparecer interesse pelas suas terras. E lhe esclareceu que o seu terreninho ia ser indenizado pelo Governo do Estado, por existir ali minério de pedras preciosas no seu subsolo; e explicou: "É por isso que aquelas terras não eram boas para o cultivo das diversas culturas."

Aquele homem, o Cornélio, ficou impressionado com tamanho contraste; pensar que a miséria estava em cima da terra que escondia tanta riqueza. Não teve outra alternativa, senão fazer-lhe uma proposta tentadora e vantajosa. Com a indenização, ele, Cornélio, se comprometeria a arranjar um sítio com terras férteis, água, casa, onde eles pudessem viver com dignidade e educar os seus filhos. Também daria de volta uma certa quantia em dinheiro para eles começarem uma vida nova em um novo lugar. Severino, muito cismado, ficou meio desconfiado, pois a proposta era boa demais para ser verdade. Mesmo assim, ele aquiesceu, dizendo: "Seja o que Deus quiser!" Ele também não tinha outra alternativa, senão aceitá-la, pois o terreno seria indenizado de qualquer forma.

Oito dias depois, voltou Cornélio novamente; agora, já para levar o Severino para o fechamento do negócio, passar os documentos em Cartório e tomar posse da sua nova propriedade: o Bosque Encantado. Como ele não tinha escolha, também não tinha nada a perder e nada para transportar, pegou sua mulher e seus quatro filhos, uma trouxa com alguns trapos, uma latinha de farofa, uma cabaça de água de beber e a magra cadela "Maiada"; e lá se foi aquela família enfrentar o desconhecido.

Severino e Vanja, ao deixarem aquele lugar, apesar de todo sofrimento, iam sentir saudades. Lembraram-se da Mariazinha, que havia desaparecido, e de quem nunca mais tiveram notícias.

Eles olharam para trás, num misto de tristeza e preocupação, e deixaram que as lágrimas de saudades de um último adeus caíssem pelas suas faces abatidas.

A expectativa era grande, cada um pensava de uma forma.

Pensava Severino: "O que será de nós, nesse lugar de desconhecidos, meu Deus?! Nos ajude, Senhor."

Era tardezinha, a carroça parou à frente de uma bela

casa, rodeada de varandas, com duas espaçosas salas, vários dormitórios, cozinha e copa. Tudo demonstrava o bom gosto e condições financeiras do ex-proprietário. A casa era toda rodeada de janelas com cortinas, toda mobiliada, e, ainda, um bom terreno para ser cultivado, com muitos coqueiros, laranjeiras, bananeiras, e outras, já produzindo. Parecia até uma ironia do destino. Eles nem imaginavam que haviam chegado ao seu destino. Era ali mesmo, a quinta em que eles iriam viver. O terreno ficava na periferia da cidade.

Disse o carroceiro:

– Pronto, seu Severino, até que enfim chegamos.

Severino, admirado:

– É aqui, isso tudo é nosso, essa "belezura" de casa e terra? Louvado seja Deus!

A mulher, acanhada, desceu, segurou o filho menor pela mão e, desconfiada, olhou tudo e todos os cantos da casa, sem acreditar no que estava vendo. Severino teve a mesma reação. As crianças se esnobavam de felicidade.

A casa estava também suprida de mantimentos, que dariam para a família se alimentar por um bom tempo.

No dia seguinte, Cornélio chegou para levar Severino ao Cartório a fim de assinar e receber a escritura, em seguida entregar-lhe o dinheiro combinado e deixar-lhe a carroça e dois animais para transportes.

Observemos, pois, que tudo isso que foi feito era o mínimo diante da riqueza que ia ser explorada daquele solo considerado imprestável.

VII

O BOSQUE ENCANTADO

Severino, aos poucos, foi tomando consciência da sua nova situação. Cornélio se propôs a ajudar e orientar aquela família, pois sabia da sua inexperiência numa cidade grande.

A primeira providência de D. Vanja foi sair com seu marido para comprar roupas e calçados para toda a família. Comprou muitos tecidos e seu Cornélio providenciou costureira, pois era de urgência. Em seguida, ele, Cornélio, arranjou escola para matricular as crianças. Foi preciso registrar todas elas, pois nenhuma tinha registro de nascimento em cartório. As crianças também não eram batizadas. Foi também providenciado o batismo. Cornélio se comprometeu a fazer-se compadre daquela família. A amizade e consideração se redobraram.

Assim, aquela família ingênua foi se adaptando e aos poucos foi tomando posição no seu novo "habitat".

Severino estava encantado com tudo; mas o que mais o entusiasmou foi ver o rio que corria dentro da sua propriedade e, para ele, essa era a maior riqueza, pois o que ele sabia fazer era labutar com terra: plantar e criar. Tratou logo de arar a terra, fazer leiras e canteiros e os encheu de hortaliças, verduras, legumes e algumas frutas que ainda faltavam. Com três meses, já estava Severino na feira, vendendo os produtos do seu suor, da sua terra, do seu trabalho, embora, no seu primeiro dia de feira naquele lugar, ele já tivesse levado as frutas para vender, conseguindo, assim, mais algum dinheirinho, que para ele, que não era acostumado, era bastante. Com pouco tempo, melhorou de vida, tornou-se um "Senhor Severino". Contratou um professor para ministrar aulas em sua casa, para ele e sua mulher.

Aquele homem, com sua família, trabalhando duro, com amor e dignidade, adquiriu uma certa independência econômica; com o passar do tempo comprou uma grande fazenda, muito gado e muitas culturas; tornou-se um grande latifundiário e passou a ser conhecido como Coronel Severino.

O interessante é que o Coronel Severino, agora numa posição invejável, continuava a ser aquele mesmo homem, humilde e simples. Ele não parava de agradecer a Deus pelas dádivas recebidas. Gostava de ajudar os necessitados; tratava todos por igual e com respeito. Ajudava as famílias dos seus trabalhadores e sempre se preocupava com o que lhes viesse a faltar.

Ainda no Bosque Encantado, D. Vanja teve mais dois filhos, um casal: Jaime e Raquel, que ficou caçula.

Continuaram morando no Bosque Encantado, pois ali era a sua vida, mesmo porque os filhos teriam de continuar estudando. Todos se formaram. Rute tornou-se uma excelente professora; José (Zezinho) seguiu a carreira de Direito; o Antônio (Toninho), professor, todavia optou pelo comércio, dono de armazém; Manuel (Nezinho), este que era o menorzinho quando eles ali chegaram, pois bem, este optou pelo sacerdócio e tornou-se padre. Os dois mais novos continuaram seguindo o exemplo dos irmãos. O Coronel Severino se considerava o homem mais feliz do mundo. Era comentado por quem os conhecia: um homem vindo do nada, vivendo do trabalho duro, conseguiu formar todos os filhos. Era um exemplo de vida.

Cada um traz seu destino traçado e, às vezes, a vida nos prega cada peça... que parece até que é para nos testar. "Ironia do destino". O que mais nos conforta é que sabemos que depois da tempestade virá a bonança. As coisas, muitas vezes, em nossa vida, arruínam de tal forma, que nos parece difícil sair delas. Temos o exemplo da vida desse homem, que, com tanto sacrifício e sofrimento, conseguiu vencer na vida.

VIII

A INFÂNCIA

A cada momento, havia mais revelações na vida daquelas crianças: Rodrigo e Cayana. A afinidade entre elas era tamanha, que chegava a surpreender as pessoas. Um dos pontos em comum era a aversão que as crianças sentiam por Tiãozinho, isto quando ele vinha à fazenda Sol Nascente, porque, então, ele trabalhava em Monte Alegre.

Cayana o olhava de tal forma, que em certos momentos parecia ter muito ódio; noutros, medo ou pavor. Ela chegava até a dizer: "Eu não gosto desse monstro!" Às vezes ele tentava conquistá-la a fim de se aproximar de Aparecida, mas esta também, por sua vez, o repelia. O motivo já conhecemos. A sua aversão parecia ser ainda maior.

Por ocasião da morte do índio, Tiãozinho passou a trabalhar na fazenda Monte Alegre, mesmo porque o clima em Sol Nascente não lhe era favorável. Ele, com sua bravura, conquistou a confiança do sr. Epifânio, tornando-se, assim, o seu jagunço. Rodrigo, por detestá-lo, alertava seu pai para dispensar os seus trabalhos de peão, mas nem por isso o pai atendia aos seus apelos, pois ele pressentia que Tião poderia ser-lhe bastante útil no momento oportuno. Por essas e por outras razões, ele teria de conservá-lo. Outros pontos em comum das crianças eram o gosto pelas matas e campos, pelos rios, pela natureza, subir nas árvores, dar pulos, correr, banharem-se nos rios, colher frutas silvestres e tantas outras afinidades indígenas. As crianças não gostavam de roupas e de andar calçadas, quando pequenas. Depois, foram se acostumando com o tempo. A menina, que todos achavam ser a filha verdadeira de Aparecida, tinha razão. E Rodrigo? Como explicar? Havia sempre uma interrogação.

A esperança de Epifânio era que o filho fosse estudar na capital baiana e lá conhecesse outras garotas e pudesse esquecer a amiguinha de infância.

Rodrigo sempre foi aquele jovem dedicado aos estudos. Cada vez mais alimentava o sonho de ser um médico dos pobres e injustiçados. Todas as vezes que o garoto vinha passar as férias em casa, na fazenda, ia visitar os avós; boa desculpa para se encontrar com Cayana. Assim ele passava mais tempo com os avós do que mesmo com os pais. Epifânio decidiu que o filho só voltaria para casa depois de formado. Rodrigo não gostou da atitude de seu genitor, mas não tinha outra alternativa, pois ainda dependia das suas expensas e ele queria, acima de tudo, realizar o seu sonho: ser médico. Mas nem por isso ele e Cayana deixaram de se amar.

Enquanto isso, cá em Sol Nascente, a jovem estava sendo educada com esmero, pois D. Eugênia era encantada com a garota, a quem dispensava todo carinho e dedicação. Aprendeu a ler, a escrever e as diversas prendas que as mulheres daquela época deveriam saber.

Aparecida continuou com a sua amnésia. Depois do nascimento da filha, não citou mais o nome de Cayã. Ela transferiu todo o afeto à filha Cayana. As duas eram tão unidas, que dava gosto vê-las juntas. Todas as noites, elas faziam companhia a D. Eugênia. Esta sempre dizia: "Ai de mim se não fossem elas!"

Rodrigo e Cayana nunca deixaram de se amar e correspondiam-se por cartas. O amor dos jovens continuava cada vez mais intenso. Assim o tempo foi passando, e os amantes com a mesma idade, pois nasceram no mesmo dia, e um para o outro. Sabemos que "quem Deus uniu, o homem não separa."

IX

A FORMATURA

Era o ano de 1930. Depois de tanta luta e sacrifício, saudades e tristezas, encontros e desencontros, eis que chegou o grande dia: Rodrigo tornou-se um homem e terminou o seu tão sonhado curso de Medicina. Iniciam-se os preparativos para a formatura. Seriam duas grandes festas: a solenidade de formatura, na Escola de Medicina, na cidade de Salvador, na Bahia e, oito dias depois, a recepção em Monte Alegre, com tudo a que tinha direito, na residência de seus pais.

Os seus genitores, não cabendo em si de contentamento, partem para a capital do estado para assistirem à cerimônia de formatura. Tudo no maior requinte.

Terminadas as solenidades, os pais do recém-formado retornaram à fazenda para os preparativos da recepção.

Foram convidados toda a sociedade circunvizinha e representantes de reconhecidas autoridades. Seria, sem dúvida, uma festa inesquecível.

Tudo pronto. A expectativa era grande.

À tarde, o Sol já estava se pondo, escondendo seus

últimos raios luminosos, momento em que se aproximou a comitiva conduzindo o garboso médico, o orgulho dos pais e familiares. Afinal de contas, ele era o único formado em Medicina naquela redondeza. Era mesmo para se orgulhar. Todavia, ele era tão simples e humilde, que vinha contrariar os princípios e exigências de seu genitor; pois Epifânio bem que desejaria que seu filho seguisse o seu modelo: orgulhoso, vaidoso e prepotente. Mas, se o jovem era assim, ninguém poderia mudá-lo.

Chegaram os convidados. Veio também Eulina, irmã de Eulália, que se casou com um latifundiário do estado de São Paulo. Ela veio com o esposo e os três filhos. Com os avós, veio Cayana, o que nada agradou a Epifânio; porém ele se conteve, preparando o bote para o futuro. O encontro dos dois jovens foi de chamar a atenção. Rodrigo só tinha olhos para ela, a sua princesa. As garotas presentes morriam de inveja, pois muitas delas desejariam namorar o jovem médico, o que faria gosto aos pais que se consideravam iguais em nível social. Assim começou o zum-zum-zum e elas, despeitadas, sentindo-se desprezadas e abandonadas, nem eram notadas por Rodrigo; com o orgulho ferido, juraram vingança e que não deixariam aquele romance se concretizar, e diziam: "Rodrigo poderá ser de qualquer uma de nós, que somos ricas, menos daquela pobretona, sem família, bastarda..." Assim, a trama tomava rumos diversos e as jovens pouco se divertiam e o sumo da inveja deixava os seus corações envenenados, impedindo-as de apreciar a beleza que o momento lhes oferecia. A festa em si não deixou nada a desejar; muita alegria, comes e bebes à vontade, tudo a se fartar; fogos eram pipocados de segundo em segundo. Enfim, tudo caprichosamente preparado e organizado, de acordo com os costumes da época.

Terminada a festa, todos retornam às suas casas. Os familiares de Eulália ficaram mais alguns dias, com eles ficando também Cayana, "persona non grata" aos olhos de Epifânio.

Em dado momento, o velho pai surpreendeu os amantes a se beijarem. Foi a gota d'água. Exacerbado, expulsou a garota de sua casa, dando um escândalo. A família do seu Juvêncio sentiu-se ofendida e desconsiderada, e, assim, sogro e genro se desentenderam. A partir daí, surgiu a desavença. Eulina também se sentiu ofendida pela grossura do cunhado, que usou palavras inconvenientes, magoando os seus pais. Eulália, coitada, gosta tanto da menina Cayana, mas não pôde fazer nada, nem opinar, pois o senhor seu marido era contra esse relacionamento e a última palavra era sempre dele.

X

A VIAGEM

Rodrigo ficou possesso, revoltou-se contra seu pai e repudiou sua atitude; deixou de lhe falar e de trocar qualquer tipo de idéia. Epifânio tentou proibir o filho de falar e de se encontrar com a sua garota. Foi assim que eles passaram a se ver às escondidas. Nesses encontros, juras de amor, planos e mais planos eram traçados; e, a cada dia, a intimidade aumentava. O fogo da paixão atingiu o mais recôndito das duas almas apaixonadas, queimou as fibras da resistência da carne e assim a sementinha de uma nova vida germinou no calor do aconchego de duas almas gêmeas.

Rodrigo sentiu-se preocupado. O dever o reclamava. E ele resolveu tomar rumo na sua vida. Os planos de exercer a sua profissão no interior foram por água abaixo. Combinou com a sua amada que iria embora para a capital; assim que ele se estabelecesse por lá, o mais rápido possível, viria buscá-la para se casarem. Combinaram também não se comunicarem para fazer surpresa a todos; quando chegasse o momento certo, se casariam, mesmo contra a vontade dos seus pais ou de quem quer que fosse.

O jovem médico retornou à capital, sem saber mesmo que o fruto do seu amor já se fazia presente. Não quis nada do seu genitor; D. Eulália deu-lhe algumas economias, às escondidas do seu marido.

Na capital, Rodrigo Neto foi à procura de seu ex-professor, dr. Honório, médico conceituado, diretor da Santa Casa de Saúde, que lhe havia oferecido uma vaga na referida Casa.

O interesse e a dedicação do ex-aluno eram tamanhos, que todos gostariam de tê-lo como companheiro de trabalho. Foi assim que convites não lhe faltaram.

Por essas e por outras, o jovem médico, melancólico, deixou a sua terra natal; tomou a bênção de sua mãe; não se despediu de seu pai, aliás, nem lhe pediu opinião; e foi se aventurar bem mais longe, na capital da Bahia, Salvador. Com o coração partido, abraçou a sua amada, jurando que nada neste mundo impediria aquele amor.

Cayana chorou muito, não entendia por que as coisas tinham que ser daquele jeito; depois de lutar e esperar tanto pelo seu amor, quando pensava em se unirem para não mais se separarem, acontecia tudo isso. A dor foi muito grande. Ela ficou fragilizada e muito doente.

Rodrigo não dava notícias. Foi o combinado, pois ele queria se estabelecer primeiro, organizar a sua vida, sem depender da ajuda de seus pais. Assim, ele poderia, de cabeça erguida, trabalhar, casar e viver por conta própria.

Cayana fazia parte do seu sonho; os dois juntos tinham uma missão a cumprir.

XI

A EMBOSCADA

Passaram alguns meses, a desunião entre as famílias permanecia. Epifânio proibiu sua mulher de visitar os pais e isso chocava cada vez mais a família Juvêncio. Cá, em Sol Nascente, preocupavam-se com a jovem Cayana. Não era só tristeza pela saudade, havia algo mais. Perceberam que estava diferente fisicamente, engordando; prenúncio de gravidez, com o que todos se preocupavam.

A notícia da gravidez da garota chegou aos ouvidos do verdugo. Este, revoltado com tudo o que tinha acontecido, envergonhado com a atitude de seu filho deixou que o orgulho e o egoísmo invadissem o seu coração. E ele agora, só pensava em vingança, alegando que a culpa era dela, por tudo o que estava acontecendo.

Ele berrava: "Não quero neto bastardo, sem nome de família, um joão-ninguém! Dou-lhe o fim antes que tudo isso aconteça."

O velho carrasco pensou, pensou e armou o plano. Chamou Tiãozinho ao seu escritório, fechou a porta e combinaram tudo.

Tereza, a governanta, desconfiou da trama, pôs o ouvido à porta e escutou toda a conversa.

– Tiãozinho, eu tenho uma tarefa muito importante a lhe confiar. Não foi você que deu fim no pai? Agora é a vez da filha. Quero que faça o serviço bem feito. Fique na espreita, não deixe que ninguém desconfie, e consuma com aquela infeliz que quer manchar o nome da minha família.

– Sim, senhor, pode deixar, que garanto fazer o serviço bem feito, que ninguém desconfiará de nada.

– Então, tudo certo. Tome, aqui, o primeiro pagamento.

E entregou-lhe um saco de moedas.

Tereza, após ouvir toda a trama, pensou: "Preciso defender a minha menina" – era assim que ela sempre a chamava.

Muito depressa, saiu, dizendo a Eulália que precisava fazer uma viagem de urgência, pois era caso de vida ou morte, que a sua irmã estava passando muito mal e chamando por ela, insistentemente.

Eulália, compadecida e preocupada com a aflição da governanta, concordou, ajudando-a para que fosse o mais depressa possível, para que pudesse encontrar a moribunda ainda com vida. Deu-lhe um saquinho de moedas e desejou-lhe boa viagem.

A servidora agradeceu-lhe de coração a sua compreensão e saiu, pedindo a Deus que abençoasse aquela criatura tão boa e sofredora.

XII

A FUGA

A governanta, antes de sair, pegou as suas economias de muitos anos de trabalho e saiu com o coração em sobressalto. Alugou a carroça do senhor Onofre, até o entroncamento onde passavam as carroças de aluguel.

– Senhor Onofre – diz Tereza – preciso passar na fazenda Sol Nascente para levar a minha menina, Cayana, para me fazer companhia.

– Tá bom, Sinhá Tereza – diz o carroceiro.

A mulher estava tão nervosa, que chamou a atenção do companheiro de viagem. Ansiosa, ela ia a debulhar o terço, e as lágrimas banhando as rugas do seu rosto.

– Não fique assim não, sinhá Tereza, que tudo vai dar certo, com fé em Deus.

– Que Ele o ouça, meu filho.

Era a hora da Ave-Maria. O Sol se escondia no horizonte; a penumbra já se fazia presente. Com mais alguns instantes, cairia a noite. Não importava, talvez fosse melhor assim.

A carroça parou debaixo de uma frondosa árvore, em frente à casa grande da fazenda Sol Nascente. Tereza respirou fundo, desceu e aproximou-se da dependência onde vivem Aparecida e Cayana. Esta se encontrava entretida, observando uma fila de formiguinhas carregando fragmentos para armazenar no seu formigueiro. Ao ver Tereza se aproximar àquela hora, um ligeiro pressentimento veio-lhe à mente. A velha a fez ciente da emboscada que lhe era preparada e dos seus planos de fuga.

Imediatamente a moça pegou os seus pertences, colocou-os na carroça e despediu-se de todos, dizendo que voltaria tão logo a irmã de Tereza melhorasse...

Cayana despediu-se de sua mãe, Aparecida, dizendo: "Mãezinha, haja o que houver, não a abandonarei nunca. Muito em breve, mandarei buscá-la para ficar comigo." Aparecida não entendia nada do que estava acontecendo. Tudo foi muito rápido; em trinta minutos já estavam a caminho do desconhecido. Elas iriam para bem longe do "Satanás" – dizia a Tereza.

Foram para a capital da Bahia, Salvador. Como não conheciam ninguém e sem nenhuma referência, oraram muito, pedindo a Deus uma orientação. Assim pensou Tereza.

Como não há coincidências e tudo na vida tem uma razão de ser, chegaram justamente a uma igreja da periferia da cidade: "Nossa Senhora da Penha". Lá se encontrava o padre Manoel.

Tereza cumprimentou-o e beijou-lhe a mão; pediu que a ouvisse em confissão. A velha governanta contou-lhe tudo: da troca dos bebês, da perseguição do pai com a própria filha; e ela, Tereza, se sentia a única culpada, pois o plano fora arquitetado por ela. Pediu-lhe conselhos e gostaria que o padre confiasse a guarda da jovem a uma família responsável, da sua confiança, pois ela não suportaria mais o peso da consciência.

Depois de ouvi-la em confissão, o padre Manoel se interessou pelo assunto e se propôs a ajudá-la. Assegurou-lhe não se preocupar, que pudesse retornar ao seu trabalho, tranqüila, sem seatormentar, que ele levaria a jovem para a casa dos pais dele no Bosque Encantado. Mesmo assim, Tereza, confiante, quis conhecer o lugar e as pessoas com as quais a sua menina iria conviver.

Ela fez as recomendações precisas, deixou uma certa quantidade de dinheiro com Cayana, e, com o coração partido, despediram-se. Retornou no mesmo dia em que lá chegou.

Antes de chegar a Monte Alegre, Tereza passou primeiro em Sol Nascente, chamou D. Eugênia em particular e tornou-a ciente de sua decisão, da fuga para salvar a sua menina. Contou-lhe, também, o segredo de tantos anos, da troca dos bebês e recomendou-lhe fingir nada saber.

Tiãozinho permaneceu uma semana à espreita. Em vão. Não encontrando a sua presa, desistiu da emboscada.

A conselho do padre Manoel, Tereza resolveu revelar o segredo. Primeiramente ela contou a D. Eulália, pois, para esta, como mãe, seria mais fácil de entender. E agora? Como falar com aquele carrasco? Só Deus poderia ajudá-la.

Aproveitou o momento da entrada de Tião no escritório, quando este anunciava ao seu patrão a desistência da tarefa encomendada, por não ter encontrado a vítima.

Epifânio, possesso, bateu forte na mesa e gritou:

– Você é um incompetente! Não confiarei mais em você, seu vagabundo!

Nesse dado momento, Tereza entrou na sala, criou coragem e disse:

– Ele não é nenhum incompetente, é que a menina não está mais aqui, eu a levei para bem longe, para não ver o pai matar a sua própria filha.

– Atrevida, então eu vou mandar matar você em seu lugar. Isso que você quer, sua atrevida!

– Escute-me, por favor. Ela é a sua... a sua... a sua própria filha. O Rodriguinho não é o seu filho legítimo. Eu os troquei quando eles nasceram. A pobrezinha já era enjeitada desde antes de vir ao mundo. Ela nasceu tão doentinha, que dava pena, quase morta; e vendo que o senhor tinha tanta vontade de ter um filho homem, eu quis lhe dar essa alegria, porque pensei que a menininha não ia viver. Eu sei que errei, mas estou disposta a reparar o meu erro. Fomos eu e a parteira, D. Jovina, que planejamos e realizamos tudo. Agora que o senhor já conhece a história, pode mandar me prender ou matar, como quiser, mas pare de perseguir a sua própria filha, sangue do seu sangue.

– É mentira! Sua mentirosa! Você está querendo é defender aquela "sem nome".

– Eu juro, por Deus e por todos os santos, que é a mais pura verdade.

D. Eulália, preocupada, timidamente falou:

– Acredite, homem de Deus, no que ela está falando. O meu coração de mãe não me engana, e me diz que é a pura verdade. Acredite, pelo amor de Deus!...

O homem abaixou a cabeça, silenciou, parecia refletir. Ficou muitos dias cabisbaixo, sem dar uma única palavra a ninguém, nem mesmo à sua mulher. Parecia refletir sobre os seus atos dantes praticados. Ficou envergonhado, diminuiu a prepotência e considerou que tudo isso era um castigo de Deus ao seu orgulho. E assim ele não disse mais nada, nem contra nem a favor. Queria consertar seus erros, mas ficou sem jeito. Autorizou sua esposa a visitar os seus pais e pedir-lhes desculpas por ele. A revelação de Tereza serviu também para unir os familiares novamente.

XIII

O MÉDICO CABOCLO

Era uma tarde chuvosa, o céu estava encoberto por nuvens escuras. Transeuntes, protegidos nos seus agasalhos, levando guarda-chuvas e sombrinhas, aqui e acolá, alguns debaixo das árvores aguardando a chuva amenizar um pouco.

Foi nesse clima que chegou o dr. Rodrigo Neto à capital. Ele se encontrava tão triste e revoltado com a atitude de seu pai, que não tinha mais vontade de retornar àquela estância, lar dos seus sonhos. Foi para a mesma hospedaria de quando estudante, na Ladeira de São Bento.

– Boa tarde, D. Carmélia.

– Boa tarde, dr. Rodrigo, seja bem-vindo. Quanto prazer tê-lo novamente como meu hóspede!

– D. Carmélia, antes de me receber como seu hóspede, precisamos conversar.

– Pois não, meu filho, lhe sou toda ouvidos. O que tem de tão importante a me dizer?

– É que agora é diferente, não vai ser o meu pai o responsável pelas minhas despesas. Eu vim prestar os meus serviços, nesta cidade, e tenho fé no Senhor do

Bonfim que hei de vencer. Não tenha medo, D. Carmélia, que não lhe darei prejuízo.

– O que é isso, meu filho? É uma honra para todos nós tê-lo em nossa companhia e ainda mais sendo um médico. Se você quiser instalar o seu consultório aqui na nossa hospedaria, tem esse cômodo aqui separado que estava alugado; o inquilino acabou de me entregar a chave. Se preferir, vou mandar dar uma melhorada nele e você já se instala, o quanto antes melhor. Mas, cuidado, porque, do jeito que você é, será capaz de fazer tudo de graça.

– Não, D. Carmélia, só pretendo cobrar mesmo daqueles que podem pagar, mas quem não puder será atendido da mesma forma. Para isso eu fiz um juramento e dele nunca vou me olvidar.

– Deus o abençoe, meu filho – disse D. Carmélia

No dia seguinte, o dr. Rodrigo Neto procurou o seu ex-professor, dr. Honório, expôs os seus sentimentos e ofereceu-lhe os seus trabalhos profissionais. Contou-lhe tudo: do seu amor por Cayana, a rejeição do seu genitor e a sua tomada de decisão de viver por conta própria, desistindo de todo o patrimônio que lhe pertence.

– Dr. Honório, vou trabalhar honestamente, viver como pobre, ajudando os pobres, ao lado do meu grande amor, pois esse é o meu sonho. Assim que eu me estabeleça, retornarei, de surpresa, à fazenda dos meu avós, tomarei Cayana nos meus braços, mandarei chamar o padre para nos casar e retornaremos no mesmo dia. Esse é o meu plano. Pretendo realizá-lo o mais rápido possível.

– Ah! Meu filho, como é bonito ver os jovens sonhando com a felicidade! Tenho o maior prazer em tê-lo como colega de trabalho. Hoje mesmo você já pode começar. Temos uma cirurgia de apêndice, de uma senhora hipertensa, que está me preocupando; nesse caso, você já entra como meu auxiliar.

Rodrigo Neto agradeceu-lhe, respeitosamente. Foi à hospedaria, para mais tarde retornar e assumir a sua missão, o seu sonho de curar os enfermos.

Antes de sair de casa, ele entrou no seu aposento, fechou a porta, ajoelhou-se para agradecer a Deus pela oportunidade que lhe foi concedida e pediu força e proteção ao Pai, para a sua nova vida profissional. Comovido, fez uma prece:

– Senhor, estou em Vossas mãos, fazei de mim o Vosso instrumento; Pai, sei que sou minúsculo, que tenho ainda muito a aprender; todavia, Senhor, reconheço a minha fragilidade, da mesma forma que reconheço a minha imperfeição. Iniciante que ainda sou, procurarei ser sincero com todos e com a minha consciência. Ajudai-me, Senhor, a vencer na vida com dignidade, auxiliando a todos os meus irmãos que necessitarem, sem pensar em moedas materiais e barganhas mesquinhas. Que seja feita, Pai, a Vossa vontade. Amém.

Depois dessa prece, Rodrigo saiu confiante. Antes do horário aprazado, já estava ele à espera do seu mestre, instrutor e colega, dr. Honório.

A cirurgia foi bem sucedida. Ele passou o resto da tarde no hospital, inteirando-se de tudo, do que dependia dos seus cuidados, visitando e apresentando-se aos enfermos internos, com muito respeito e carinho. Foi assim que se iniciou a vida profissional de um homem compromissado com o seu dever e com a vida.

À tardezinha, ao retornar à hospedaria, já estava, à sua espera, um pai, vizinho mesmo da pensão, que fora buscá-lo para socorrer a sua filhinha que se queimava de febre. Ele pegou a sua valise com os instrumentos de trabalho e saiu com fé, amor e esperança de vencer na vida. Esse foi o seu primeiro dinheiro recebido pelos seus trabalhos.

XIV

CAYANA NO BOSQUE ENCANTADO

A moça foi muito bem recebida e bem tratada no Bosque Encantado. Todos lhe dispensavam atenção. Cayana andava muito triste e D. Vanja sempre a surpreendia chorando; todos se preocupavam com a tristeza da jovem.

Cayana, absorta, sentada na sala, olhava um retrato na parede. Era da família do coronel Severino, quando pobre, cuja cópia fora ampliada. Na foto, estão sentados: Severino e D. Vanja, com o Nezinho no colo; Mariazinha, em pé, ao lado da sua mãe; José (Zezinho), ao lado do pai. No centro estão Rute e Toninho.

Olhando a foto, Cayana sentiu algo inexplicável e não teve como conter as lágrimas.

D. Vanja a surpreendeu:

– Por que chora, minha filha?

Cayana resolveu abrir o seu coração a D. Vanja, e confidencia os seus sentimentos; fala de tudo que acontecera na sua vida: da revelação de Tereza, a preocupação com a verdade, a saudade de sua mãe, de sua ingenuidade, e que ela agora, mais do nunca, estava precisando dos seus cuidados. Falou da sua gravidez. Sua mente estava muito confusa. Sem notícias de Rodrigo, e ele sem notícias dela, sem saber o que estava acontecendo, e ela estava disposta a não procurá-lo; talvez fosse melhor assim; pelo menos por enquanto.

– D. Vanja, eu gostaria de fazer-lhe um pedido. Vocês todos têm sido tão bons comigo! Se não fosse pedir demais, eu gostaria de trazer a minha mãe para ficar comigo. Agora que descobri tudo, da minha identidade, que eu não sou a sua verdadeira filha, fico com tanta pena e medo de perdê-la, pois não a trocaria por mãe nenhuma. Essa preocupação está me deixando muito aflita.

– Sim, minha filha, vou conversar com Severino para mandar buscá-la para morar junto conosco.

– Não precisa se preocupar, D. Vanja, porque ela é muito boazinha e não faz mal a ninguém. É muito bem comportada e obediente.

– Isso não me preocupa. Estou pensando: e se ela não quiser vir ou eles não deixarem? Mas, em todo caso, você é filha.

– A senhora se esqueceu de que não sou mais a sua filha? – começou a chorar. Depois, enxugou as lágrimas e disse:

– Primeiro temos que ouvir os conselhos do padre Manoel; será que ele virá aqui hoje?

– Provavelmente virá, porque todo domingo ele almoça aqui no Bosque, conosco.

– Por falar em domingo, hoje faz quinze dias que aqui cheguei. Parece um ano.

– Minha filha, por que você resolveu não mais procurar o dr. Rodrigo?

– É porque, depois de tudo o que aconteceu, eu não sei qual será a sua reação. Vou deixar que ele me procure. Quanto a mim, com relação aos meus pais verdadeiros, não quero nada deles, fui muito humilhada. Se depender da minha vontade, nunca mais terão notícias minhas. Felizmente Tereza é inexperiente e não levou o meu endereço e, assim, para me encontrar, não vai ser fácil. Para dizer a verdade, tenho muito medo daquele monstro, que diz ser o meu pai. Vou pedir ao padre que, quando alguém for buscar a minha mãe, recomende não dar o nosso endereço. Invente lá qualquer coisa.

– Mas, Cayana, isto não é certo.

– E o que é certo nesta vida, D. Vanja?

– A verdade.

– Eu tenho os meus motivos.

Nesse ínterim, entrou o padre Manoel.

– Bom dia! Cheguei! Sua bênção, minha mãe.

– Deus o abençoe, meu filho.

Cayana beijou a mão do padre, o seu protetor amigo, e diz:

– Graças a Deus que o senhor veio, padre Manoel, pois estávamos aqui falando da minha resolução de mandar buscar a minha mãe, mas peço-lhe para ocultar o meu endereço.

– Ela tem razão, mamãe, pois nunca se sabe do que o seu verdadeiro pai será capaz e o que poderá acontecer. Por enquanto o sigilo se faz necessário.

– Graças a Deus, padre Manoel, que o senhor me entendeu.

– Pode deixar, que vou me encarregar de tudo, vou mandar uma pessoa da minha confiança buscar a sua mãe e a gente vai simular um endereço. Isso não vai prejudicar a ninguém, é só para evitar um mal maior. Olhe, Cayana, faça uma carta a D. Eugênia, dando as suas notícias; lembre-se, também, de que você não deve ser ingrata e autorize-a a mandar a sua mãe pelo mesmo portador. Eles não têm como impedi-la.

Uma nova luz brilhou nos olhos da jovem; ela, sorrindo, disse:

– É agora mesmo.

O padre fez tudo conforme o combinado. Cayana adquiriu alma nova, ficava contando os dias para a chegada da sua mãezinha querida.

XV

O ARREPENDIMENTO

Depois de conhecer toda a verdade, Epifânio repudiou os seus próprios atos, e passou a pensar diferente. O remorso não dava trégua à sua consciência, e aquele homem duro, severo, agora era uma pessoa triste, arrependida. Não saía de casa, sempre calado pelos cantos, cabisbaixo. Queria consertar os danos causados, todavia não sabia por onde começar. Tinha vontade de procurar sua filha, pedir perdão e oferecer-lhe tudo de melhor que existia ao seu alcance; mas, como fazer isso? Quem viria acreditar nos seus sentimentos? Ele plantou a semente do ódio; é tempo de colheita.

Deu azo à reflexão. Todavia, o orgulho ainda liderava os seus sentimentos, queria reparar os erros cometidos, mas não queria perder o seu radicalismo. Era assim que ele pensava. Sentia-se fracassado. Reconhecia ser um perdedor no jogo da vida. Achava que o destino o traíra, brincara com os seus sentimentos. O filho, que pensava seu, não o é. A filha, que seria de outrem, é sangue do seu sangue, vida da sua vida. E agora? O que fazer?

Depois de muita reflexão, chamou Tereza para conversar. Esta, preocupada, atendeu de pronto.

– Tereza, sente-se aqui e vamos conversar. Primeiro quero agradecer-lhe por ter salvo a minha filha e a mim, pois ela poderia hoje estar morta pela minha imprudência. Mas, graças a Deus, você a levou para bem longe. Eu lhe afirmo, Tereza, se tivesse acontecido o pior com a minha filha, e sendo eu o culpado por toda a desgraça, não me perdoaria; com um tiro, eu explodiria o meu cérebro. Agora, cada vez mais eu lhe sou grato.

– Credo em cruz, seu Epifânio, não fale dessas coisas, que é do "demo".

– Deixe para lá, Tereza. Embora eu sinta que o lugar dela é aqui, ao nosso lado, foi melhor assim. Preciso que você passe para mim todos os detalhes; quero trazer a minha filha com o meu neto. Já pensou, Tereza, essa criança vai ser meu neto duas vezes. Eu, trazendo-a de volta, vou também resgatar o meu filho.

– Senhor, sinto muito não poder satisfazer o seu desejo, pois, como sabe, eu sou uma analfabeta, ignorante. Deixei a menina lá com o padre, que a levou à casa dos seus pais. Só sei que o lugar é uma beleza e as pessoas são muito boas e me inspiraram confiança. Eu acho mesmo que foi a propósito, para resguardar a minha menina; eles não me deram nenhuma referência, inclusive a sua própria filha não me deixou trazer o seu endereço, com medo do que poderia acontecer. Vendo como está sofrendo de arrependimento, a única coisa que posso passar para o senhor é o apelido do padre, assim mesmo foi porque eu ouvi a sua mãe falando. É Nenzinho.

– Nenzinho? Padre Nenzinho! Que esquisito.

– Pois é, foi o que ouvi e gravei, senhor. Eu estava muito aflita. Não sei mesmo nem o nome da igreja.

Observe-se: a única pista passada pela governanta não foi verdadeira, embora não tenha sido proposital. É que, na intimidade, o padre é tratado de “Nezinho”, e não “Nenzinho”. Notemos, nisso tudo, a Lei de Causa e Efeito.

“Ele tinha, jogou fora; agora quer e não acha”.

XVI

APARECIDA / MARIAZINHA

Já era noitinha de uma sexta-feira, dez dias após a carta, eis que chegou a carroça e parou à frente da casa do Bosque Encantado. Cayana correu ao encontro daquela criatura tão ingênua, mas que ela amava tanto. As duas se abraçaram e se beijaram mutuamente, com muito carinho.

Cayana tomou-lhe a mão e a conduziu ao interior da casa. Ao entrar, Aparecida lançou o olhar à parede e deparou com o retrato. Ao vê-lo, ela sentiu um estremecimento no seu corpo, e algo estranho a sacodiu. Foi nessa exacerbação emotiva que a memória reapareceu e se fez presente. Aparecida deu um grito e desmaiou. Todos a acodiram. Do coração de D. Vanja, algo falou mais alto. E ela percebeu na fisionomia daquela mulher a expressão da menina de outrora, quando saiu dizendo: "Minha mãe, já vou pra lenha." E nesse dado momento, ela exclamou:

– Minha filha!... É a minha filha, Mariazinha. Louvado seja Deus!

Aparecida abriu os olhos. E na sua mente registrou-se esta última frase pronunciada pela sua mãe. Ambas se abraçaram e falaram ao mesmo tempo: – Minha filha!... –

Minha mãe!... – Minha filha!... – Minha mãe!... E nesse trocadilho de palavras, o amor se concretizou.

A cena foi muito emocionante. Cayana, que até então nada sabia a respeito de Mariazinha, ficou boquiaberta, sem nada entender.

– Minha mãe, agora eu me lembro de tudo... Por que a senhora está aqui nesta casa tão rica, se éramos tão pobres? E o meu pai? Onde estão os meus irmãos?

– Calma, filha, vamos por partes, devagar; nós vamos ter o tempo todo para conversarmos. Primeiro, me conte o que lhe aconteceu, por que você sumiu esse tempo todo?

– Minha mãe, eu só me lembro daquele dia em que saí para pegar lenha; senti um passamento, e minha vista escureceu, parece-me que caí com a cabeça na pedra, fiquei tonta, no momento eu me sentei, e não me recordo de mais nada.

E ela parou com o olhar fixo num determinado ponto, como se quisesse lembrar algo...

– Espere um pouco, minha mãe, estou tendo umas recordações; só que as lembranças estão vindo como um relâmpago e fugindo novamente. Ela parou, novamente querendo organizar as idéias. – Agora sim, parece-me recordar tudo. Graças a Deus!

D. Vanja ria e chorava ao mesmo tempo. Quando ouviu as pisadas fortes das botas, misturadas com o tilintar das esporas, ela falou: – É o Severino!

– Veja, homem de Deus, quem está aqui à nossa frente. Por acaso conhece esta mulher? Ela se parece com quem?

Severino ficou parado, olhando para a mulher, quando esta sorriu. Ele a reconheceu pelo sorriso e ficou estatelado pela emoção, até que conseguiu vencer o primeiro impacto e falou:

– É a Mariazinha, minha filha! Está viva! E exclamou: – Viva Deus!

– Meu pai, Deus trouxe-me de volta, embora eu não esteja entendendo nada dessa mudança de vida. E meus irmãos, por onde andam?

– Graças a Deus, filha, estão bem, com saúde, todos por perto. Casados, com filhos, e os dois mais novos são ainda solteiros. Estes nasceram aqui, já no conforto, não conheceram a penúria que vocês passaram. O caçulinha de lá, você se lembra, filha, o Nezinho?

– Sim, pai, onde ele está?

– Bem pertinho – Cayana entrou na conversa – É o padre Manoel, mãezinha, o meu protetor.

Foi muita coisa para a cabeça da Mariazinha; ela ficou meio confusa, e falou:

– Tudo para mim está parecendo um grande sonho. Quantos anos, meu pai, já se passaram? Pois parece que eu me perdi no tempo.

– No dia vinte e dois de setembro próximo passado, completaram vinte e cinco anos que você desapareceu, Mariazinha. A gente sofreu muito, nós a procuramos por toda parte, e foi dada por morta.

– O meu coração de mãe nunca perdeu a esperança. Eu sempre achei que um dia iria abraçar a minha filha novamente. Lembro-me da minha aflição, no dia em que viemos embora do Salto da Onça. Foi um aperto tão grande, aqui dentro de mim, que senti ao deixar aquele pedaço de chão e pensar: se minha filha voltar, não vai nos encontrar; isso me doeu muito. Mas Deus sabe o que faz.

Cayana ouvia calada, deixando que elas colocassem os assuntos em dia. Estava muito preocupada. Será que, quando sua mãe soubesse que ela não era a sua verdadeira filha, sua memória não fugiria de novo? E se ela a recusasse? Era assunto para ser pensado e refletido. Pensou no padre Manoel; estava precisando dos seus conselhos.

Após deixar a mãe de Cayana em casa, o portador foi se encontrar com o padre Manoel para prestar contas do seu serviço. O padre, ao saber da notícia, tão logo veio visitá-la. O Nezinho, padre, não a conhecera, pois, quando ela sumiu, ele não tinha nem um ano de idade. O padre, ao chegar, vai entrando, dizendo:

– Oi, de casa! Cheguei.

– Temos novidades agradáveis, para todos nós, Nezinho.

– Já sei, a mãe de Cayana chegou, não é isso?

– Sim, mas não é só isso, a mãe de Cayana não se chama Aparecida como é conhecida, e sim...

– E sim? – repetiu o padre – Vamos, minha mãe, para que tanto suspense, diga logo, que estou morrendo de curiosidade.

– É... a Mariazinha, minha filha, desaparecida há vinte e cinco anos. Sua irmã mais velha, Nezinho.

– É mesmo? Graças a Deus!

Ele correu para o interior da casa para ver e abraçar a sua irmã, que não conhecia.

– Mariazinha, minha irmã, seja bem-vinda ao seio da nossa família. O destino programou tudo. Como você deve ter sofrido, minha irmã.

– Não, Nezinho. Eu não sofri tanto assim, pois vivi esse tempo todo sem memória. Apesar disso, encontrei uma boa família que me amparou; sempre fui muito estimada. Depois, Deus me deu a minha filhinha, tão boa, que zela tanto por mim. Cayana sorriu feliz, ao ouvir estas palavras; pôde perceber que a sua recuperação não afetara o relacionamento de mãe e filha, o que ela tanto temia. O padre pensou: "Cayana tem razão, é melhor mesmo a história não ser desvendada, pelo menos por enquanto. Vamos dar tempo ao tempo."

Aos poucos, vieram chegando, um a um. Chegou o Toninho, o comerciante, dono de um grande armazém. Depois foi a vez do Zezinho, o advogado, Em seguida, chegou Rute, com os filhos e o marido. A casa estava em festa, com tanta alegria.

Vanja falou:

– Mariazinha, você tem mais dois irmãos que nasceram depois que chegamos aqui. É o Jaime e a Raquel; esta se formou no ano passado para professora, já está trabalhando. E o Jaime está fazendo Medicina, vai ser médico.

– Eh, mãe, se não tivessem acontecido comigo essas coisas todas, eu também seria hoje uma professora.

– Olha, filha, quando chegamos aqui, que fomos melhorando de vida, seu pai e eu tivemos um professor em casa, que nos ensinou a ler, escrever e fazer contas; enfim, deixamos de ser analfabetos. Para você, Mariazinha, não vai precisar pagar a ninguém de fora, porque você tem duas irmãs professoras. A Raquel, que é solteira, vai lhe dar aulas, para você não continuar analfabeta.

– Isso é ótimo, minha mãe. Só que já estou muito velha. Quantos anos tenho mesmo, minha mãe?

– No dia vinte de outubro você vai completar trinta e oito anos. Estamos no dia dezessete de outubro, será daqui a três dias. Que bom! Vamos comemorar o seu aniversário, dando uma grande festa.

– Minha mãe, não precisa fazer nada disso; mesmo porque eu ainda estou muito desajeitada. Tudo para mim é novo, eu ainda não sei bem das coisas. Se quiser, pode fazer uma festinha só entre os parentes.

– Como você quiser. Podemos programar uma missa em ação de graças pelo seu reaparecimento.

Ela pegou a mão da filha e falou:

– Venha cá, filha, vamos conversar, que quero contar-lhe "tintim por tintim" todos os acontecimentos.

Mariazinha escutou-a com toda a atenção.

Cayana, antes de levar a sua mãe ao quarto, já antes preparado para as duas, solicitou a todos se reunirem e fazerem uma prece de agradecimento a Deus. O padre fez uma bonita preleção, culminada com uma prece de louvor.

– Vamos, mãezinha, descansar, pois a viagem foi muito longa, quase cinco dias de carroça não é brincadeira; e ainda com tantas emoções!

Mariazinha, complacente, atendeu aos apelos de sua filha. As duas, deitadas, cada qual na sua cama. Cayana foi a primeira a falar:

– Estou tão feliz, mãezinha, pela sua chegada aqui entre nós e pela recuperação da sua memória.

– Tudo que Deus faz é bom. Se não fosse isso, eu não teria você, minha filha.

– É isso mesmo, minha mãe. Vamos dormir com Ele.

– Amém.

Cayana perdeu o sono e ficou matutando sobre todos os acontecimentos. Pensou em Rodrigo. Será que ele já foi procurá-la? Qual será a sua reação, quando souber de toda a verdade? Nesse monólogo havia tanta interrogação... De repente, ela sentiu o seu ventre estremecer. Ela o acariciou com as mãos e chorou baixinho.

XVII

O MÉDICO HOMEOPATA

Dr. Rodrigo estava se saindo muito bem; além dos trabalhos no hospital, já tinha o seu consultório montado e uma boa clientela. Passou a se interessar pela Homeopatia e a dedicar-se a essa ciência trazida ao Brasil pelos dois pioneiros: Bento Mure, francês, e João Vicente Martins, português, depois brasileiro. A ação desses dois heróis merece um capítulo à parte. Basta dizer que tudo quanto é raiz, tronco, galho, folhas e frutos, na frondosa árvore homeopática brasileira, tudo se deve aos dois pioneiros, já citados. Ambos eram neo-espiritistas e possuíam o dom da mediunidade. Mure era clarividente; e Martins, psicógrafo. Foi inspirado nesses dois que o dr. Rodrigo enveredou pelo caminho da cura pelas plantas. Também, é válido levar em conta o "gérmen" da hereditariedade silvícola que ele trazia em suas veias, pois não podemos nos esquecer de que ele é filho de índio. É caboclo.

Dr. Rodrigo, de início, não conhecia a Doutrina Espírita; no entanto, havia momentos em que ele se dava a transes mediúnicos. Foi devido a uma assistência espiritual constante que ele se tornou o maior médico dos pobres da Bahia naquela época. Vale lembrar que o dr. Rodrigo era rico; ele, porém, muito a propósito, renunciou à sua riqueza e foi viver como pobre, do seu trabalho.

Ainda levado pelo exemplo de Mure e Martins, ele trazia consigo a divisa Deus, Cristo e Caridade. Na cura, inspirado pelos seus benfeitores espirituais, usava o passe magnético. Sabe-se, também, que foram aqueles homeopatas que lançaram os passes aqui no Brasil e não os espíritas. Estes apenas continuaram a tradição.

Além do dr. Rodrigo, outros adeptos se juntaram a ele e formaram um grupo de estudo experimental das obras básicas da codificação de Allan Kardec: O Livro dos Espíritos, O Livro dos Médiuns, O Evangelho Segundo o Espiritismo, A Gênese e as obras complementares.

Conta-se que o dr. Rodrigo, certa vez, numa dessas experiências mediúnicas, teve uma visão muito forte que o deixou deveras preocupado. Na cena, ele viu manchas escuras sobre a casa dos seus pais e Cayana chorando muito, com uma criança no colo. Já estava completando quatro meses que ele havia começado a sua vida profissional; já tinha arrumado quase tudo para se casar, como havia combinado com a sua amada. Com essa vidência, ele abreviou os fatos. No dia seguinte, dirigiu-se à sua região. Quando Rodrigo viajou, ele e sua amada não sabiam nada ainda a respeito da gravidez; por isso que ele não teve tanta pressa em retornar.

XVIII

FRUSTRAÇÃO DE RODRIGO

Já se passaram quatro meses, ele só pensava na sua amada e só tinha olhos para ela. Não recebeu nem mandou nenhuma notícia, pois assim haviam combinado, para fazer uma surpresa a todos.

Como já havia arrumado mais ou menos as coisas, ele conversou com o diretor do hospital, dr. Honório, para que lhe concedesse vinte dias de licença para se casar. A licença lhe foi concedida com satisfação. Assim, ele, confiante, embora preocupado com o que viu, em transe mediúnico, partiu cheio de planos e esperanças para a fazenda Sol Nascente, dos seus avós, pois não pretendia ir a Monte Alegre; revoltado com as atitudes do seu genitor, queria evitar encontrá-lo. Ele iria se sentir cada vez mais revoltado, principalmente quando soubesse do ocorrido, da realidade dos fatos.

Era uma noite de primavera e também de plenilúnio. A luz prateada refletia-se nas matas e nos campos floridos, de onde espargia o aroma do néctar exalado das flores. Aquele cenário constituía uma festa de recepção oferecida pela natureza àquele filho que ali chegava.

Rodrigo Neto, num transporte de aluguel, aproximou-se da casa dos seus avós; sentia-se tão feliz, pois sabia que em alguns minutos mais, estaria nos braços do seu grande amor. E pensou: "Desta vez é pra valer mesmo, e nada neste mundo vai nos separar."

A ansiedade era muito grande. Não quis deter-se mais; tinha pressa de chegar. Passou junto ao "Lago Azul" e este, como um espelho, refletia a imagem do céu, com seus pontos luminosos, inclusive a lua, alegre e sorridente. Os sapos entoavam a sua melodia costumeira; tudo fazia o caboclo lembrar-se dos seus dias de infância, em que ficava a brincar e a correr por aqueles campos, com aquela menininha tão dócil e peralta, que tinha os mesmos gostos, com a qual se entendia e se afinava em tudo. O jovem saudou aquele paraíso e prometeu a si mesmo que em mais alguns instantes estaria de volta com a sua amada, para, juntos, contemplarem aquela dádiva de Deus. E acelerou os passos.

Ao aproximar-se da porta da casa da fazenda, como se fosse um estranho, bate palmas:

– Oi, de casa!

– Oi, de fora! – responde alguém lá de dentro.

Rodrigo foi entrando, pois não agüentava mais esperar.

– Cayana! Cayana! Cheguei!

– Rodrigo chegou! – diziam uns. – Rodrigo chegou! – repetia o outro.

Todos, preocupados, não sabiam o que falar. Depois dos cumprimentos, ele notou que havia algo de errado, e inquiriu:

– Que cara é essa, gente? O que aconteceu? Por que ninguém fala nada? Onde está Cayana?

– Calma, filho, nós vamos cientificá-lo de tudo – diz dona Eugênia.

Ele recordou-se da visão que tivera e pressentiu que algo de ruim acontecera. Teve medo de ouvir a verdade. Depois reagiu e disse:

– Conte-me tudo, vovó, o que está acontecendo, antes que eu enlouqueça...

– Ah! Meu filho, não sei nem por onde começar. Foi aquele monstro, que diz ser seu pai, que desertou a pobrezinha, e agora ninguém sabe do seu paradeiro e onde anda. Veja a carta que recebemos dela, mandando buscar a sua mãe, Aparecida.

Rodrigo entrou em desespero e revoltou-se; o pranto explodiu no seu peito, e, ainda com o rosto orvalhado de lágrimas, teve vontade de fazer uma besteira.

– Calma, meu filho! Ouça-me, por favor. Você precisa conhecer todos os fatos ocorridos.

O jovem, em silêncio, transtornado, escuta toda a história: da gravidez, da emboscada planejada pelo severo Epifânio, da fuga de Cayana com Tereza, e por fim, da troca dos bebês, e a sua verdadeira identidade. Ele ficou petrificado, sem pronunciar uma só palavra. Depois, num acesso de choro, seus ombros sacodiam-se em soluços incontroláveis. Ficou inconformado. Teve vontade de voltar imediatamente para procurá-la. Emocionado, diz:

– "O amor é um punhal de dois gumes fatais; um, é amar e sofrer; o outro, é amar e sofrer mais. Mesmo que eu morra de sofrer, nunca deixarei de amá-la."

Depois de ouvir toda a história, ele pediu para mandar

buscar a sua mãe, Eulália, que não tinha culpa de nada; além de tudo isso, ela sempre fora vítima da imprudência e incompreensão do seu marido. Ele quis ver também Tereza, pois precisava agradecer-lhe por ter livrado Cayana das garras do leão; quis também saber dos detalhes, onde ela estava e com quem a deixara. E argumentou:

– Se eu já não pretendia ir lá antes, pior agora, que sou um "sem nome", sem família; pois não era assim que ele se referia à Cayana? Agora, o "joão-ninguém" sou eu. Chame Tereza, minha vó, quero saber de tudo, o endereço, o nome das pessoas com quem ela está.

– Meu filho, deixe para amanhã cedo, pois já é muito tarde. Você vai tomar um banho, se alimentar, descansar e amanhã será novo dia.

– Amanhã mesmo, eu me vou, tenho que procurá-la; além do mais, ela está carregando um filho meu...

– Tem um detalhe, Rodrigo, Cayana não deu o seu endereço, com medo de ser descoberta.

– Quanto tempo já faz que elas se foram, minha vó?

– Cayana, dois meses; e Aparecida, quase um mês. Tem feito uma falta enorme, sinto tanta saudade delas!

– Minha vó, tenho certeza de que não conseguirei dormir esta noite.

No dia seguinte, bem cedo, D. Eugênia mandou chamar a filha, Eulália, e Tereza, antes mesmo de Rodrigo se levantar.

XIX

A REPARAÇÃO

Quando a notícia do retorno de Rodrigo a Sol Nascente chegou até a casa dos seus pais, na fazenda Monte Alegre, houve um grande alvoroço e as duas mulheres, Eulália e Tereza, sem nada dizerem ao velho ranzinza, vieram de pronto, ao encontro do jovem. Algumas horas depois da saída das duas senhoras, antes mesmo de se encontrarem com Rodrigo, Epifânio, lá em Monte Alegre, deu pela falta das duas. Sabendo o motivo e se sentindo um desgraçado, sentiu como um punhal cravando-se no seu peito, momento em que deixou sair um grito surdo, estarrecedor, e caiu sem sentidos. Tudo indicava que ele sofrera um infarto. O Antônio, que se encontrava por perto, levou o velho até a cama, pegou o cavalo que já estava arreado, amarrado no mourão, e foi buscar socorro para o moribundo, com urgência, em Sol Nascente. Chegou o emissário, justamente no momento em que mãe e filho se abraçavam.

Todos se assustaram com a triste notícia. Entre a mágoa e o amor, este falou mais forte. No momento, Rodrigo não pensou duas vezes. Pegou a sua valise com medicamentos de primeiros socorros; no mesmo animal que trouxera o mensageiro, foi em disparada, para curar o seu pai. Durante a viagem, ele se lembrou de quando era menino, que prometera que nunca deixaria os seus pais ficarem doentes.

Ao chegar, aproximou-se do seu pai enfermo, quase agonizante. Esqueceu-se de todo ressentimento, de todo mal que ele lhe tenha causado e, num gesto de amor e perdão, tomou-lhe a mão com carinho, e disse:

– A sua bênção, meu pai.

O enfermo, com a língua enrolada, com dificuldade conseguiu pronunciar:

– Perdoe-me, filho, mande buscar a menina Cayana para me perdoar. Eu quero os dois juntinhos dentro desta casa, com o meu neto. Diga que me perdoa, filho!

– Sim, papai, não se preocupe, eu o amo e prometo procurar Cayana onde ela estiver; haveremos de encontrá-la e a trarei aqui, pois é ela, meu pai, que é a sua verdadeira filha.

– Eu sei, filho, estou pagando pelo meu orgulho, e como me arrependo de ter feito tanta besteira e tanto mal à pobrezinha!

– Sossegue, papai. Procure descansar.

Rodrigo havia viajado prevenido, levando alguns medicamentos, pois sabia da necessidade, naquela região. Como ele é médico por vocação, unido ao amor, a eficácia é imediata. Com o perdão, o remorso se amenizou um pouco. O velho, então, sentiu vontade de viver para reparar os seus erros e poder abraçar sua filha e seu neto. Pediu a Rodrigo que nunca deixasse de ser seu filho, que ele não suportaria a idéia de perdê-lo.

Logo após a saída de Rodrigo para Monte Alegre, as

duas mulheres, apavoradas com o que acontecera com Epifânio, retornaram de imediato, sem mesmo cumprimentar o restante das pessoas de Sol Nascente.

Ao chegarem, agitadas, encontraram Rodrigo ao lado do seu genitor, usando dos seus recursos médicos e com carinho dizendo: "O senhor vai ficar bom, meu pai. Se Deus quiser!"

Essa expressão do jovem médico registrou-se no coração do moribundo, como um bálsamo animador; e duas grossas lágrimas desceram pelas laterais de seu rosto abatido. Na sua fisionomia, outrora carregada de ódio e maldade, agora um ligeiro sorriso de esperança assinalava a sua mudança de comportamento. Isso lhe dará forças para viver e reparar todo o mal causado à sua filha.

Rodrigo, que também havia trazido O Evangelho Segundo o Espiritismo, depois de passar o susto, pegou o livro e o abriu ao acaso: Capítulo XVI – "Jesus na casa de Zaqueu – 4. Tendo Jesus entrado em Jericó, passava pela cidade e havia ali um homem chamado Zaqueu, chefe dos publicanos e muito rico, o qual, desejoso de ver a Jesus, para conhecê-lo, não o conseguia devido à multidão, por ser ele de estatura muito baixa. Por isso, correu à frente da turba e subiu a um sicômoro, para ver, porquanto ele tinha de passar por ali. Chegando a esse lugar, Jesus dirigiu para o alto o olhar e, vendo-o, disse-lhe: Zaqueu, dá-te pressa em descer, porquanto preciso que me hospedes hoje em tua casa. Zaqueu desceu imediatamente e o recebeu jubiloso. Vendo isso, todos murmuravam, a dizer: Ele foi hospedar-se em casa de um homem de má vida. Entretanto, Zaqueu, pondo-se diante do Senhor, lhe disse: Senhor, dou a metade dos meus bens aos pobres e, se causei dano a alguém, seja no que for, indenizo-o com quatro tantos. Ao que Jesus lhe disse: “Esta casa recebeu hoje a salvação, porque também este é filho de Abraão; visto que o Filho do homem veio para procurar e salvar o que estava perdido. (S. Lucas, cap. XIX, vv. 1 a 10.)”

Durante a leitura do Evangelho, o jovem médico, que possuía a mediunidade da vidência, viu o quarto iluminar-se, no momento. Em silêncio, ele saudou aquela luz, na certeza de que Jesus se fazia presente, e aquela frase pronunciada pelo Mestre ficou ali gravada. “Hoje entrou a salvação nesta casa.” Terminada a leitura, Rodrigo percebeu que o enfermo adormecera. Em silêncio, e cautelosamente, ele saiu andando nas pontas dos pés e foi até a cozinha conversar com Tereza. Agora, já com outros sentimentos. Enquanto isso, Eulália ficou velando, junto ao leito do enfermo.

– Tereza – dizia o Rodrigo, – conte-me tudo o que sabe a respeito da Cayana, pois preciso encontrá-la o mais depressa possível. Pelas minhas contas, ela já deve estar com cinco meses de gravidez.

– É isso mesmo, meu filho, pelas contas que ela me deu aqui, deve ser isso mesmo.

– Você disse que o padre se chama “Nenzinho”? Mas, esse é o apelido; e o seu nome próprio?

– Ah, filho, a velha aqui não sabe de nada; imagine: a gente criada nestas brenhas vai pra aquele mundão de meu Deus, como é a cidade grande, a gente fica atordoada, e nem se lembra de perguntar pelas coisas mais importantes. Eu só queria que a minha menina ficasse segura; de mais nada eu me importei.

– Eu sei, Tereza, mas preciso de alguns detalhes. Como é esse padre, Tereza?

– Bem, ele usa batina.

– Disso, eu sei, Tereza. Eu quero detalhes.

– Ah, sim, me lembrei de uma coisa que chamou a minha atenção, foi a fisionomia dele que pareceu a de Aparecida.

– Está tudo muito vago. Por exemplo, Tereza, o nome próprio do padre, da igreja, onde fica, qual o bairro, para onde ele a levou, o endereço; tudo isso...

– Ah! Meu filho, a velha aqui é tonta mesmo e não sabe nada disso. Eu lembro que ele disse: eu vou levá-la para a casa dos meus pais no bosque... É só isso que eu sei.

Rodrigo, preocupado em encontrar Cayana, e não querendo deixar o seu pai sem os cuidados médicos, sentia-se dividido. Por isso, ainda permaneceu em Monte Alegre por volta de uma semana. O próprio pai o autorizou a viajar; pediu que não se preocupasse com ele, que estava bem, que iria se recuperar para receber a sua única filha, com saúde.

O médico caboclo sentiu-se encorajado. Aproveitando os seus dias de folga, que havia tirado para o casamento, usou-os para procurar a sua amada, e partiu esperançoso.

XX

A PROCURA

Depois de dez dias de novas experiências, de novos fatos, novos acontecimentos, de ventura e desventura, aconteceu a mudança de comportamento. Passou a tempestade, aproximava-se a bonança e o sentimento fraterno liderava. Ouviu-se o grito de resposta, era o eco do amor. Assim, incentivado pelo próprio pai, dr. Rodrigo partiu para Salvador, num misto de tristeza e preocupação, na esperança de uma vida feliz, harmoniosa. Com a compreensão de todos, ele foi à procura do seu grande amor.

Chegando a Salvador, à hospedaria, dr. Rodrigo, abraçou-se a D. Carmélia, em soluços. Chorou como uma criança. Contou-lhe a sua desventura e os acontecimentos da sua vida. Com um sorriso disfarçado, ele falou: "D. Carmélia, eu sou filho de índio, e minha mãe de sangue português. Por isso, eu sou um caboclo. É verdade que essa revelação mexeu muito com os meus sentimentos, pois não é fácil a gente receber uma notícia desse teor, mas estou até feliz pela realidade; por Cayana, a senhora entende. Sinto que a vida de todos nós vai passar por radicais mudanças, a começar por meu pai, ou melhor, o pai de Cayana.

D. Carmélia, depois de ouvi-lo, emocionada, se

prontificou a ajudá-lo na procura da moça, e todos colaboraram com o médico.

No dia seguinte, em companhia de Eduardo, um colega do pensionato, ele saiu bem cedo, visitando as igrejas de Salvador, fazendo a pesquisa. Ficava cada vez mais difícil porque ninguém conhecia nenhum padre "Nenzinho". Depois de visitar todas as igrejas do centro, em vão, ele partiu para as da periferia. Finalmente, ele chegou à "Igreja da Penha," no bairro de Itapagipe. Rodrigo perguntou a alguns fiéis que se encontravam no momento, como se chamava o vigário daquela Paróquia. Uma senhora que rezava o terço, no momento, interrompeu-o para responder-lhe, que o vigário de lá era o padre Manoel, muito querido de todos. O Rodrigo queria saber se ele era conhecido por algum apelido. A resposta foi não, era só padre Manoel. Mais uma vez desiludido, o médico voltou para casa.

Ele ficou muito triste e desanimado, todavia não perdeu as esperanças. Pensando bem, ele estava desconfiado de que Cayana poderia estar se escondendo dele também, imaginando a sua reação. Quem sabe se não seria isso? Pois se assim não fosse, ela já o teria procurado. Então, ele pensou: "Ela está querendo me poupar."

À noite, às vinte horas, ele foi à Casa Espírita em busca de consolo e orientação. Lá, ele se encontrou com os companheiros, confrades que, sensibilizados, dividiram com ele a sua preocupação e, juntos, oraram pedindo à Espiritualidade Maior uma luz para encontrar Cayana. Depois do procedimento de rotina de uma sessão espírita, houve a concentração. Daí, veio uma mensagem psicografada, através do médium Jacinto, que dizia: "Neto, não se atormente tanto, que a menina Cayana está muito bem amparada. Continue na sua busca, não desanime, que está mais próximo do que você pensa. No tempo e na hora certa, tê-la-á nos seus braços. Tudo o que está acontecendo são os desígnios de Deus, é a Lei de Causa e Efeito. Um dia, você entenderá. Que Deus o abençoe. Do seu avô a quem você deve o nome.

Rodrigo Santiago Bonfim."

Ao ouvir a leitura da psicografia pelo médium, Rodrigo se emocionou, chorou e comentou: "Ele é o avô de Cayana."

Dr. Neto ficou mais resignado. No dia seguinte, resolveu escrever aos seus pais, dando as suas notícias e esclarecendo as dificuldades encontradas; que, por enquanto, estava tudo na estaca zero. Também, na carta, ele sugeriu que eles deveriam vir a Salvador, que a casa já estava montada, era só entrar, pois o seu pai deveria fazer um tratamento de saúde adequado. Sugeriu, outrossim, que trouxessem Tereza, pois esta, apesar da ignorância, ia lhe ser muito útil. Neto pretendia levá-la a todas as igrejas, para que ela pudesse identificar a do seu interesse.

Assim ele enviou a missiva, na esperança de muito em breve o pesadelo passar.

XXI

A PROVIDÊNCIA DIVINA

Cayana, no Bosque Encantado, não parecia estar muito bem de saúde; sempre reclamando de saudade do Rodrigo, já pensando em procurá-lo. Estavam avizinhando-se os sete meses de gestação. As pessoas de casa estavam preocupadas com ela, pois notaram que a sua gravidez era de risco e ela estava muito inchada, com a pressão sempre alta. Era preocupante.

Nota: Observemos que Cayana nasceu de sete meses, e a sua mãe esteve muito mal quando ela nasceu.

Logo que os pais de Cayana receberam a carta de Rodrigo, apressaram a viagem. Em três dias já estavam de partida. Parece até que eles só estavam esperando o convite do filho. Deixaram o Antônio, o empregado, e outros tomando conta da fazenda e se foram. Como Epifânio era muito rico, não se preocupou em levar a mudança. Preferiu comprar tudo que fosse preciso, quando lá chegasse. Rodrigo os esperava ansioso. A casa já se encontrava arrumada, pronta para recebê-los. Era a mesma em que ele havia planejado morar com Cayana.

A melhora de Epifânio foi notória, quase não se identificavam resquícios de doença. Parece até que a vontade de encontrar a sua filha e poder consertar o seu erro de outrora lhe dava forças e ânimo para viver, pois ele estava disposto ao que desse e viesse, tanto assim que largou tudo, os seus interesses, nas mãos dos empregados e partiu sem olhar para trás. Foram cinco dias de viagem.

Ao chegar em Salvador, não quis nem descansar, dizendo, o velho, que iria ajudar Rodrigo na procura de sua filha. Todavia, o rapaz não aceitou. Sugeriu que o pai ficasse descansando, que ele iria providenciar tudo. Ia começar a busca toda de novo, pois ele tinha a relação com o endereço de todas as igrejas de Salvador. Ele estava disposto a levar Tereza e visitar uma por uma. Só Tereza que não teve o direito de descansar, pois nesse mesmo dia a carroça não teve sossego. Como ele seguiu o mesmo roteiro da primeira vez, a Igreja da Penha ficou por último.

Rodrigo já estava bem acostumado a ouvir de Tereza a expressão: "Não, a igreja não é essa..."

Não é fácil falar da emoção ora sentida por ele, ao ouvir de Tereza: "É essa mesma, a igreja. Louvado Seja Deus! Que pena, está fechada!"

O coração do Rodrigo bateu acelerado. Desolado, mas esperançoso, falou: "Amanhã retornaremos, pois já temos uma grande pista" Pegou o seu caderno de anotações e leu: Igreja da Penha, Itapagipe – Pe. Manoel.

Nesse dado momento, uma beata, moradora de perto da igreja, que sempre estava a par de todos os mexericos que se passavam por ali, aproximou-se deles, dizendo:

– O padre não virá mais hoje, porque ele recebeu um chamado da sua família; ele saiu depressa.

– Como se chama mesmo o padre daqui?

– Padre Manoel; respondeu a mulher.

Estendendo-lhe a mão, disse o médico:

– Até logo, muito obrigado pela informação.

Retornaram para casa, com o coração em sobressalto, mas cheios de esperança. O jovem transmitiu a notícia a seus pais, que também esperavam com ansiedade.

O dr. Rodrigo, mesmo se não estivesse de plantão, não conseguiria dormir naquela noite. Estava magro, abatido, pois já havia dois meses que não parava para descansar um pouco. As pessoas amigas estavam preocupadas com o seu estado emocional.

No Bosque Encantado, Cayana sentia dores, prenúncio de parto prematuro aos sete meses, e passava muito mal. No delírio, chamava pelo padre Manoel. Este se encontrava na igreja. Assim que recebeu o aviso, veio de imediato.

Ao chegar, o padre encontrou Cayana sem sentidos, a delirar e chamando por Rodrigo, insistentemente.

O caso era gravíssimo e providenciaram para levá-la com urgência à Santa Casa de Saúde.

O padre não saiu de perto dela, em momento algum, salvo na sala de parto.

Ao chegar ao hospital, enquanto os enfermeiros a colocavam na maca, o padre ficou na portaria para dar os dados pessoais dela, a fim de preencher a ficha.

A enfermeira, apressada e muito aflita, chamou o dr. Rodrigo:

– Venha depressa, que tem uma parturiente passando muito mal, está sem sentidos.

– Leve-a à sala de parto.

Só deu tempo de ele pedir proteção a Deus e saiu de imediato.

Ao aproximar-se da maca, foi como um golpe de espada cravando no seu coração, e um grito surdo embargou a sua garganta. Ele queria pronunciar "Cayana" e não conseguia. Debruçou-se sobre a sua amada para um último adeus. Ela estava tão inchada, pálida e desfigurada, que, à primeira vista, parecia morta. Rodrigo sentiu-se impotente nesse sentido e viu que o caso era sem jeito e que nenhum médico da Terra seria capaz de salvá-la. Ela foi vítima de uma eclâmpsia, e, nesse caso, só a Providência Divina poderia salvá-la. Rodrigo, numa aflição de dar pena, elevou o seu pensamento aos Céus e orou fervorosamente: "Senhor, faze de mim o Teu instrumento." Nesse dado momento, ele entrou em transe mediúnico e o Espírito de um médico dos pobres, que também era espírita enquanto viveu na Terra, usou da mediunidade do dr. Rodrigo e fez o parto, com sucesso, salvando, assim, mãe e filho. Depois de tudo pronto, o espírito amigo se afastou. E Rodrigo, já consciente, vê Cayana dormindo tranqüilamente, fora de perigo, com o seu filho ao seu lado. Ele, porém, não viu nada do que se passou, porquanto ele era médium inconsciente. A felicidade era tanta, que ele sorria e chorava ao mesmo tempo. Ela, sonolenta, abriu os olhos e chamou: "Rodrigo... Rodrigo..." Ele a beijou, dizendo baixinho: "Estou aqui, meu amor, descanse, não vamos nos separar nunca mais..."

Dr. Rodrigo pediu à enfermeira que fosse lá fora ver os benfeitores de Cayana, dar a notícia e mandá-los entrar para vê-la.

O padre entrou com D. Vanja.

– Boa noite, – disse o padre. Como está ela? E o bebê?

– Graças a Deus, o susto passou. O senhor é o padre Manoel?

– Sim. Como sabe?

– Soube hoje, na Igreja da Penha, quando procurava Cayana.

– Não estou entendendo, pois ela chegou aqui inconsciente. Como está sabendo? Por acaso, o senhor é o dr. Rodrigo?

– Sim – respondeu o médico. Ela já deve ter falado de mim.

– Meu Deus! Só pode ser a Providência Divina que programou isso tudo.

– Dr. Rodrigo, por acaso, você já sabe de alguns mistérios, ou melhor, detalhes que existem na vida de vocês dois?

– Sim, já sei de tudo. Fui à fazenda do meu avô para casarmos, acabei sabendo de toda a verdade, inclusive que fomos trocados quando nascemos, que a minha mãe é Aparecida.

– Acredito que você ainda não está a par de tudo. Por acaso, já sabe que sou seu tio, irmão da sua mãe? E esta senhora que está à sua frente é sua avó? E a que vocês tratam de Aparecida, sua mãe, se chama Maria das Graças, apelidada por Mariazinha?

– Confesso-lhe, padre, que estou boquiaberto, porém muito feliz. Deixe-me abraçar os meus muito amados e benfeitores.

Nesse momento, o bebê choramingou. Cayana, cansada e abatida, abriu os olhos lentamente, dessa vez, já consciente, e viu as pessoas à sua volta. Com um leve sorriso, ela disse: "Rodrigo, meu amor..." e as pálpebras caíram novamente.

Ele beijou-lhe a face com carinho e aguardou um pouco mais. Quando ela abriu os olhos novamente, ele pegou o bebê, dizendo:

– Veja como o nosso filho é lindo! Tão pequenininho.

E levou-o até o seu colo. Ela o acariciou e ele deixou que seu filhinho sentisse o calor do seio da sua mãe.

Cayana estendeu a mão enquanto chamava o padre Manoel e D. Vanja. Estes se aproximaram mais dela, pedindo que não falasse muito, para não prejudicá-la. Ela, com o nenê no seu braço, adormeceu tranqüilamente.

Enquanto isso, Rodrigo dialogava com a sua avó e o seu tio padre. Passou a conhecer toda a história da família e sentiu-se feliz por trazer no seu sangue o "gene hereditário" da dignidade. Agora ele compreende porque, sempre rico, tinha tudo para ser orgulhoso e prepotente como o seu suposto pai, mas era o exemplo de humildade. As suas idéias e reações sempre foram contrárias às daquele.

As emoções foram tantas, que a noite passou, e eles não perceberam. Pela janela, observava-se no horizonte o romper da aurora.

Havia muitos assuntos para se pôr em dia, mas tempo não iria faltar para isso.

O padre foi à casa dos seus pais levar a agradável

notícia e trazer Mariazinha para ver sua filha e conhecer seu netinho.

Rodrigo aproximou-se da janela, abriu as cortinas e deixou que os primeiros raios de sol iluminassem o ambiente e purificassem o ar.

Ele imaginava: "Meu filho está recebendo a primeira luz natural" – e agradece ao Senhor, por tudo. Apoiado à janela, levantou o olhar aos céus e, numa intensa felicidade, exclamou:

– "Bom dia, dia,
Que belo dia!
Obrigado, Pai,
Por tanta alegria!!!"

Assim, como uma criança cheia de ternura, voltou para acariciar os amores da sua vida.

Com os beijos, Cayana abriu os olhos; tudo estava parecendo um sonho colorido; só que era realidade.

Notemos que o médico caboclo é um eterno sonhador.

D. Vanja ficou boquiaberta, pois não pensava possuir um neto de tamanho coração; ficou a pensar nos últimos acontecimentos da sua vida e chorava baixinho de felicidade.

Cayana falou:

– Guigo, eu passei muito mal, não foi? Como foi que cheguei aqui?

– Não importa, meu amor. Depois vamos ter tempo suficiente para colocarmos todos os assuntos em dia. O que importa é que tudo deu certo, com as graças de Deus.

– Você já sabe, Guigo, que fomos trocados quando nascemos?

– Sim. Já. Psiu... – e põe o dedo à sua boca – Cuidado, que a nossa mãe Aparec....ou... Mariazinha está prestes a chegar.

– Quem lhe contou?

– O padre, nosso tio – complementou; – mas eu soube mesmo foi lá em Sol Nascente, quando fui para casarmos. Olhe, Cayana, você vai ficar alguns dias mais, aqui, para poder recuperar-se direitinho.

– Está certo. Mas estou muito bem. Guigo, nosso filho é perfeito. Não tem nenhum defeito físico; eu tinha tanto medo...

– Sim, querida, Deus é muito bom...

– Que nome você gostaria de lhe dar?

– Você escolhe, Cayana.

– Eu pensei em Cayã Neto. O que você acha?

– Acho que você captou o meu pensamento, pois foi este o primeiro e único nome que pensei.

– Então, será Cayã Neto.

Nota: Observemos os detalhes desse enredo: o índio Cayã conheceu "Aparecida", apaixonaram-se. Dessa união, veio o caboclo que é o Rodrigo. Cayana, nome dado à menina, por Aparecida, em homenagem ao seu grande amor.

Sabe-se também que ela, Cayana, é o índio Cayã reencarnado. Cayana deu o nome a seu filho de Cayã, pensando ela, com esta homenagem, agradar a sua suposta mãe e o pai do seu filho; todavia, no fundo mesmo, a homenagem é a si própria, porque Cayã e Cayana são dois corpos diferentes, mas o mesmo espírito reencarnado. E o Cayã Neto? Esse tem ligação muito forte com os seus pais atuais, que oportunamente veremos.

Dr. Neto deixou Cayana sob os cuidados de D. Vanja, sua avó, e foi rapidinho à sua casa para dar as notícias aos pais de Cayana.

Para Rodrigo, era o dia mais feliz da sua vida. Até os pássaros pareciam saudar aquela manhã. Para ele, era tudo amor, tudo felicidade. Não havia nada a reclamar. É nesse espírito de paz e tranqüilidade que ele chega à sua casa.

XXII

UM NOVO DIA

A família Epifânio já se encontrava de pé. Chegou Rodrigo, todo sorridente. Pela sua expressão todos pressentiam que algo de bom acontecera. Embora de fisionomia cansada, a felicidade resplandecente encobria os traços da angústia dantes passados por ele.

– Tereza!... Minha mãe!... Meu pai!... Quem sou eu? O pai mais feliz do mundo. Deus me ama. Na hora extrema, meu amor veio para os meus braços.

Todos, alvoroçados, queriam saber dos detalhes, mas Rodrigo não tinha muito tempo para explicações. Só preveniu os seus pais para terem mais um pouco de paciência porque ela estava muito fraca e por enquanto tinha que saber da verdade aos poucos e que, por enquanto, ele iria levar somente Tereza; depois D. Eulália, a sua suposta mãe; mesmo assim, teria de conversar com Cayana primeiro, para lhe preparar o espírito; porém, o velho, só com o tempo e com a aquiescência dela.

Depois do café, dr. Neto se levantou apressado e disse:

– Vamos, Tereza, que hoje é um novo dia."

Logo que Rodrigo saiu para a sua casa, chegou o

padre Manuel com sua irmã Mariazinha. O encontro das duas, todos já imaginam. Com Rodrigo será mais fácil para lhe falar da troca, e isso ficará a cargo do seu filho médico. O padre já havia adiantado alguma coisa, como o encontro com Rodrigo, o socorro a Cayana no momento mais difícil, de vida ou morte e alguns detalhes mais; porém, supunha-se que ela só não sabia da troca dos bebês.

Rodrigo entrou com Tereza, beijou sua mulher e seu filho. Olhou para o lado e viu aquela pessoa completamente diferente daquela que outrora conhecera. Aproximou-se dela e, com um forte amplexo, osculou a sua face, dizendo:

– Sua bênção, minha mãe Aparecida, ou... não... Mariazinha.

– Deus o abençoe, meu filho! Tanto tenho esperado por este momento!

Todos ficaram admirados. Por que ela falou assim? Será que ela sabia que ele era o seu verdadeiro filho?

Ela continua:

– Eu sempre dou graças a Deus, porque, se eu o tivesse criado, você hoje não seria um médico.

– Como sabe, minha mãe, dessa verdade?

– Desde quando Tereza voltou à fazenda e fez a revelação à dona Eugênia, eu ouvi e fingi não saber, porque eu amo muito a minha filha e preferi fingir não saber de nada. Agora que os dois estão juntos, tenho força e confiança para dizer que já sei há muito tempo e estou muito feliz.

– Meu Deus, quanta dignidade! Estou orgulhoso do sangue que circula em minhas veias.

Cayana, que ouvia tudo em silêncio, acenou para que sua mãe se aproximasse do seu leito; ambas abraçaram-se e beijaram-se fervorosamente.

Agora era a vez de Tereza; aproximou-se de Cayana e falou:

– Até que enfim, minha filha, o sofrimento passou. Como temos lhe procurado!

– Como você veio, agora, Tereza?

– Estamos morando aqui.

– Quem?!

– Seus pais, eles agora já querem você de volta.

– Ah, isso não, nunca. D. Eulália, vá lá, mas aquele, Deus me perdoe e me livre; que o leve para bem longe de mim.

– Ah, minha filha, há muita coisa que você precisa saber. Ele mudou muito. Agora, a maior felicidade dele será encontrá-la.

– Eu perdôo a ele, mas bem de longe. Não quero vê-lo nem pintado de ouro. Aliás, já renunciei a toda a minha herança. Rodrigo que faça dela o que quiser, mas para mim não quero nada.

– Isso é bobagem, Cayana. Tudo é seu.

– Por favor, não vamos comentar isso agora. Todos nós sabemos da verdade, vamos dar graças a Deus por tudo, mas nada vai mudar; eles lá, e nós cá.

– E dona Eulália, você vai receber, não vai?

– Sim. Essa aí é outra coisa. Mas aquele lá, deixe-o bem longe, por favor.

– Está certo, querida, ninguém vai forçar nada.

– Por favor, Guigo, eu lhe peço, não leve o nosso filho, para ele ver. Lembre-se de que nosso filho é índio e com muita honra tem o nome do avô índio.

– Tudo bem, não se exalte, que será respeitada a sua vontade, pode ficar tranqüila.

Cayana foi a primeira a mudar de assunto. Ela olhou para Mariazinha e disse:

– E aí, mãezinha, está feliz com o seu netinho? Adivinhe o nome dele?

Como adivinhar seria difícil, Rodrigo falou:

– É Cayã, o mesmo nome do meu pai.

Mariazinha, sorrindo, demonstrou o seu contentamento pela escolha. A conversação continuou animada.

– Bem, "minha menina", eu preciso ir, para sua mãe poder vir ver você, pois o velho não pode ficar só.

– Tá bom, Tereza, mas só ela; ele, não.

– Está certo – respondeu a fiel servidora.

Ouvindo isso, a reação da Mariazinha foi imediata.

– Não. Mãe, não. A mãe de Cayana sou eu e ninguém vai tirá-la de mim. E começou a chorar.

Cayana chamou-a para mais perto de si e esclareceu:

– Não se aflija, mãezinha, que a minha mãe é a senhora, ninguém vai nos separar. Rodrigo pode continuar sendo filho deles, mas eu, não.

Nesse ínterim, Neto aproximou-se e entrou na conversa:

– Nós somos muito felizes, Cayana, porque temos duas mães maravilhosas.

Como Tereza já ia saindo, Rodrigo acompanhou-a, dizendo: "Vou mostrar-lhe a saída" E aproveitou para mandar prevenir a D. Eulália para vir no momento oportuno. Pelo menos que o primeiro encontro de mãe e filha não fosse na presença da outra.

Dona Eulália sofria por isso tudo. O que fazer? Esse era o seu resgate.

Eram quase onze horas. Chegou o padre Manoel, trazendo um cesto com variados tipos de frutas frescas do Bosque Encantado e o famoso pirão de galinha de D. Vanja. Convém notar que esta era a sua especialidade. E, ainda, uma garrafada de infusão da mistura de mentraste, losna e outras mezinhas de horta na cachaça; garrafada essa sempre usada pelas paridas para "curar a barriga." Como o médico e a paciente eram seus netos, D. Vanja teve toda a liberdade de mandar a garrafada e recomendar: "Antes do almoço, colocar meia xícara da infusão, riscar o fósforo e queimar a cachaça. Quando o fogo apagar, beber; só aí, então, comer o pirão de galinha com arroz."

(Particularmente, Rodrigo aprovou o remédio, pois ele, além de ser índio, era médico homeopata.)

Disse o padre Nezinho:

– Cheguei! Olhem as frutas e a comida da parida...

Rodrigo, que cochilava recostado ao lado de Cayana, assustou-se e disse:

– Oi, tio – tudo bom?...

Ele recebeu as frutas e ficou encantado com a qualidade dos produtos; estava ansioso para conhecer esse novo paraíso, que seria um marco na sua história.

– E a nossa vencedora aí, como vai?

– Estou ótima, tio, e sobretudo muito feliz.

– Eu vim buscar Mariazinha para almoçar e, mesmo, dar a oportunidade aos pais de Cayana. Eles já vieram?

– Não. Só a Tereza. Depois a D. Eulália; e aquele que diz ser o meu pai, esse nunca, jamais.

– Cayana, minha filha, não fale assim, principalmente do seu pai; veja-o como um doente que precisa da sua ajuda e compreensão; lembre-se de que mais sofreu o Filho do Carpinteiro; no entanto, ele soube perdoar. Filha, pare de alimentar o ódio, que isso só traz o mal. Eu vou lhe dizer uma coisa e você vai parar, analisar e tirar as suas próprias conclusões. Veja bem: em toda situação negativa, há algo de positivo; é, pois, nesse ponto que vamos analisar e tirar proveitos e dar graças a Deus pela oportunidade de ser a vítima e não o algoz. Pense, filha, em São Francisco de Assis, quando ele diz:

"Oh! Mestre, faze que eu procure mais
Consolar que ser consolado
Compreender que ser compreendido
Amar que ser amado
Pois é dando que se recebe
Perdoando que se é perdoado..."

– Veja, Cayana, no palco da vida, todos nós somos atores, que fazemos parte da Divina Comédia; cada um tem o seu papel a desempenhar, mas isso faz parte da nossa evolução. É tempo de parar e refletir, filha; tenha compaixão do seu velho pai e estenda-lhe a sua mão amiga de filha e observe os milagres do amor. Cayana, você já parou para pensar que essa atitude do seu pai foi um motivo que o destino encontrou para nos aproximarmos? Ele, coitado, foi escolhido o "Judas" desse teatro.

Cayana, chorando, beijou a mão do seu protetor amigo, dizendo:

– Como são sábias as suas palavras, meu tio.

– Deus os abençoe.

– Vamos, Mariazinha, que nossa mãe nos aguarda para o almoço e mesmo comer do pirão de Cayana, que está lá nos esperando.

Enquanto o padre Nezinho conversava com sua sobrinha, Rodrigo chamou a sua mãe para conversarem na ante-sala; e assim, cada vez mais eles vão se entendendo. Quando eles saíram, era quase meio-dia. Rodrigo telefonou para a sua casa, pedindo a D. Eulália para vir, que a hora era oportuna.

Lá, também Tereza havia preparado o pirão de galinha para a parida; e se foram as duas.

O encontro mãe e filha foi emocionante. Tereza aproveitou para fazer o comentário do nascimento da Cayana e o seu pecado – sorte pela troca dos bebês. Nesse momento todos sorriem de um assunto tão sério e que teve um final vitorioso. Todos felizes, saudavam o grande dia. Foi tanto pirão de galinha, que acabaram fazendo uma comemoração no quarto da paciente.

Médicos, enfermeiros e funcionários da Casa de Saúde também participaram do delicioso manjar.

Os efeitos das palavras do padre Manoel tornaram-se notórios, pois, para surpresa de todos, ao se despedirem mãe e filha, esta falou:

– Minha mãe, fale com o meu pai que venha conhecer o seu netinho.

– Verdade, amor? – inquiriu Rodrigo.

– Sim. Este é o meu desejo sincero – concluiu Cayana.

Sua mãe, com o rosto banhado de lágrimas, beijou a filha. Em silêncio, engoliu o soluço.

– Louvado seja Deus! – disse Tereza – Agora sei que vou poder pôr a minha cabeça no travesseiro em paz com a minha consciência.

Foi assim que elas se despediram, prometendo levar a boa nova o mais rápido possível.

Os dois a sós no quarto, Cayana foi a primeira a romper o silêncio.

– Está feliz, meu amor, com a minha decisão?

– Não só feliz, querida, mas sobretudo surpreso por tamanha transformação. O que aconteceu?

– Foram os milagres das palavras do padre Manoel, nosso tio. Ah! Guigo, não sei o que seria de mim se não fosse esse anjo protetor. Veja bem: a minha chegada aqui a Salvador, o amparo e o apoio, conselhos, a vinda da nossa mãe, a união das nossas famílias e agora me fez ver a razão no nosso viver. Agora eu vejo o meu pai com dó e compaixão, por ter sido escolhido como bode expiatório da história da nossa vida.

– Cayana querida, como fico feliz, por tudo isso que está acontecendo!

Não deu outra. Ouviram-se passos se aproximarem.

– Nossos pais, Cayana...

Esta foi a primeira a dizer:

– Sejam bem-vindos, papai e mamãe.

O velho aproximou-se do leito, dizendo:

– Perdoe-me, filha minha...

– Sua bênção, meu pai... – e beijou-lhe a destra.

E, entre soluços, ele disse:

– Deus a abençoe, minha filha, agora sei que posso morrer em paz com a minha consciência.

– Não, papai, o senhor vai viver ainda muito tempo para podermos usufruir da felicidade que nos é reservada.

Nesse momento, Eulália aproximou-se trazendo o bebê e o colocou no colo do velho, dizendo:

– Olha, Epifânio, o nosso neto, como se parece com o pai, quando pequeno.

Epifânio, emocionado, acariciava o netinho. Rodrigo não cabia em si de contentamento. Assim, a paz passou a reinar, unindo as famílias, transformando o ódio de um pretérito distante em amor e paz no presente.

– Filha, eu gostaria de lhe pedir que vocês fossem para a nossa casa quando receber a sua alta do hospital.

– Sim, papai, eu prometo passar uns dias lá com

vocês, mas o que pretendo mesmo é morarmos no Bosque. Lá vai ser muito bom para todos nós. Mas, podem ficar tranqüilos que não vamos nos perder de vista, agora que nos encontramos.

– Bem, minha filha, precisamos ir para você descansar, e mesmo o Rodrigo está exausto.

– Tá bom, papai, não demore a aparecer novamente.

– Sim, filha, tê-la-ei sempre bem perto de nós.

Foram muitas as emoções para um dia só. Depois que os velhos saíram, eles descansavam e Cayana passou por uma modorra, e sonhou:

Ela se vê como um índio, no alto de uma árvore e há uma sereia tomando banho no rio. E, ela sendo um índio, se apaixona por aquela sereia e joga um pedacinho de caule daquela árvore em sua direção. E a sereia convida o índio a descer da árvore e banhar-se com ela. Os dois inocentemente fazem amor. Em seguida, ela vê a sereia dar à luz um lindo garoto. Quando ela passa a observar, aquele menino é o Rodrigo. Ela desperta, dizendo:

– Tive um sonho interessante – e contou-o para o seu companheiro.

Rodrigo pensou: "É interessante esse sonho. Será que tem alguma coisa a ver com a gente?"

Logo que Mariazinha retornou, eles contaram-lhe o sonho.

Ela, admirada, disse:

– Tudo isso é verdadeiro. Essa sereia sou eu, porque

tudo se passou dessa mesma forma, mas o interessante é que nunca lhe contei esses detalhes; nem a ninguém.

– Engraçado, disse Cayana, e eu no sonho era o índio que se apaixonou pela sereia...

Rodrigo, que já conhecia a Doutrina Espírita, e evidentemente a lei da reencarnação, em silêncio analisou os fatos e percebeu que houve um desdobramento regressivo e ficou a pensar: "Será que o meu pai é Cayana, reencarnado? Não. Não pode ser. Com dois meses apenas, reencarnado? Impossível; mas, em todo caso, vou consultar os meus orientadores espirituais."

No dia seguinte, à noite, ele foi à Casa Espírita. Agora, com bastante tranqüilidade e confortado espiritualmente, pois veio uma psicografia através da sua mediunidade, que dizia:

"Irmão Rodrigo, que o Mestre Jesus o abençoe.

Com os últimos acontecimentos, os canais mediúnicos estão sendo desbloqueados e trabalhados. A emergência do socorro espiritual às duas vidas, mãe e filho, fez com que houvesse esse desbloqueio da mediunidade do médium de então. Doravante, haverá muitas surpresas na área da Medicina. Todavia, lhe peço: quando o socorro prestado ao paciente for através do canal mediúnico, isente-se de cobrança monetária; porquanto o Grande Médico disse: "Dai de graça o que de graça recebestes" Quanto à irmãzinha, está tudo muito claro: houve um desdobramento parcial; foi-lhe permitido pelo Pai conhecer fagulhas do seu pretérito. Os dois, juntos, têm uma missão a cumprir. Lembrem-se de que a vida é como uma roseira: da mesma forma que embeleza e perfuma o ambiente, ela traz espinhos, e requer muito cuidado para que não venham a ferir-se.

Muita paz.

Um irmão amigo."

Notemos, pois, que a mediunidade de Rodrigo estava sendo aflorada. Primeiro foi a incorporação do médico (Espírito) no parto da sua mulher, e, agora, essa primeira psicografia. Como já se percebe, o sonho do caboclo não se resumia em só ser médico dos pobres, como sempre sonhou Rodrigo, mas há algo muito mais, atrás disso tudo: a mediunidade santamente cumprida.

Retornou o médico caboclo ao hospital. Ele foi passar a noite ao lado de sua amada e de seu filho, sem o compromisso do plantão.

Contam as enfermeiras que o dr. Rodrigo fez o parto de olhos fechados, na maior tranqüilidade e não solicitou ajuda nenhuma vez. Todos ficaram impressionados com o que viram. Daí a notícia se espalhou, e o médico caboclo ganhou mais crédito na área médica; sua clientela aumentou e ele seguia à risca a recomendação dos seus orientadores espirituais.

XXIII

NOVOS ACONTECIMENTOS

A alegria transbordante espargia no ambiente e os seus eflúvios salutares banhavam os corações de todos os que ali chegassem. A harmonia era perfeita. São os "milagres do amor", como costuma dizer o padre Manoel. Assim, a recuperação de Cayana foi mais rápida do que se esperava. De acordo com o prometido e combinado, ao sair do hospital eles foram para a casa dos seus pais, passando por lá dois dias, indo depois para o Bosque Encantado.

Não é fácil expressar através de palavras a emoção ora sentida pelo médico caboclo ao aproximar-se daquele ambiente; ambiente esse tão familiar e tão seu, cujas emoções trazem à tona reminiscências guardadas no mais recôndito da sua consciência. Lembranças de um passado não muito distante com relação ao espiritual. Um minuto... apenas um minuto representa, talvez, um século para nós no mundo material:

"Bosque Encantado!!! Que coisa interessante! Qual será o porquê deste nome? Ele me diz algo mais, que se perde no limiar das minhas lembranças... Jurema? Ah! Sim. Era esse mesmo o nome de nossas terras; índios, muitos índios; nossa gente... quanta injustiça! dói-me o coração. Um dia, não sei quando, vou ajudar essa gente, nossa gente. Tomaram tudo o que era nosso e ainda nos expulsaram. Jurema! Oh, Jurema! O tempo passou e tudo mudou e por encanto seu coração resistiu às intempéries do tempo e do homem; hoje não mais Jurema, mas Bosque Encantado dos meus amores!..."

Assim, por essas e por outras recordações latentes, Rodrigo, em estado de êxtase, saiu andando, sem se incomodar, fica para trás e, desvairadamente, como se quisesse devorar tudo de uma só vez, chegou à beira do rio e percebeu que aquilo tudo lhe pertencia; não no agora, mas num pretérito que se fundia ao presente. Por um momento ele se desligou da sua mulher e filho e entrou pela mata sem saber o que estava acontecendo consigo mesmo.

Cá, a casa repleta de gente, a família reunida. Todos com a atenção voltada para mãe e filho, e não deram pela falta de Rodrigo.

Cayana, com o olhar na parede, viu o retrato da "família pobre", que ela sempre ficava a contemplar; quis ser a primeira a mostrá-lo a Rodrigo.

– Guigo, Guigo, venha, venha ver...

Só aí, então, percebeu a sua ausência. Começaram a procurá-lo e nada. Todos o procuram em volta da casa, na chácara e nada. A vovó Vanja falou: "Aonde foi esse menino?" Para não chamar a atenção de Cayana, eles disfarçaram, dizendo: "Ele foi ver a chácara." Mariazinha, sorrindo, fala: "Ele é filho de índio, gosta do mato..."

O médico caboclo já tinha andado mais de dois quilômetros, olhando aquela paisagem: morros, rios, numa felicidade já dantes sentida.

Aproximou-se dele um velho fazendeiro, montado num bonito cavalo; apeou e o cumprimentou:

– Bom dia, senhor!

– Bom dia, eu estava aqui olhando a beleza da natureza; tudo isso aqui conheço muito bem. No pé daquela colina tem um riacho de água cristalina, acolá tem a gruta do índio.

– Como o senhor sabe disso tudo? – inquiriu o velho.

– São apenas lembranças, não sei de quando. E o senhor, mora aqui por perto?

– Sim. Sou proprietário da fazenda Santa Rita, a seis quilômetros daqui, e estou indo para minha residência no Bosque Encantado.

Rodrigo, num sobressalto, disse:

– O senhor é o coronel Severino?

– Sim. Seu criado – respondeu, estendendo-lhe a mão.

– Sua bênção, meu avô. Sou Rodrigo, filho da Aparecida...ou... ainda não me acostumei, da Mariazinha.

Os dois se abraçaram afetuosamente.

– O senhor pode me dar uma carona na garupa do cavalo?

– Com muita honra, e mesmo está bem longe de casa.

Rodrigo pulou na garupa num gesto muito seu, pois ele estava acostumado e foi criado labutando com animais e com o que era concernente à natureza. Vão proseando pelo caminho, até que chegaram ao Bosque. O que mais impressionou o velho foi a questão de seu neto ter as mesmas lembranças de Cayana, pois esta, de vez em quando, os surpreendia com umas tais recordações do passado que os deixava deveras impressionados.

– Guigo, aonde você foi? Como demorou!

– Andando por aí, olhando, vivendo e revivendo; fui longe, muito longe nas minhas lembranças.

– Não diga que você tem as mesmas lembranças que eu. Índio tem cada coisa! – disse Cayana, sorrindo.

– Você também é índia, minha querida, não tem por onde correr, é mulher e mãe de índio.

– E com muita honra – concluiu a interlocutora.

Com o nascimento do filho, Rodrigo tirou uma semana de folga do trabalho, mesmo porque ele já vinha muito cansado. Por isso, eles tiveram tempo de pôr em dia os assuntos pendentes, até então não conhecidos.

Rodrigo explicou aos seus familiares a "lei da reencarnação", exemplificando com as suas reminiscências ao chegar e pôr os pés ali naquele solo, quando veio à tona o seu passado, com referência àquele lugar. Aproveitou para dar noção do Espiritismo, o exemplo da sua mediunidade, o socorro a Cayana, no momento mais difícil. Enfim, falou da sua missão como espírita e, agora, naquele lugar, ele sentia que algo o esperava; era ali, ali mesmo, que sua missão ia ser cumprida, com amor. Estava disposto a escrever a história daquela terra e da sua gente. Também, nesse colóquio familiar, marcaram a data do casamento para trinta dias a partir do nascimento do Cayãzinho, quando terminaria o resguardo da parida. A cerimônia seria realizada na igreja Nossa Senhora da Penha, pelo padre Manoel, e a festa no Bosque Encantado. O pai da moça, Epifânio, fez questão de arcar com todas as despesas. Também decidiram construir uma espaçosa casa, pois eles pretendiam ter uma prole de muitos filhos. Assim, o médico caboclo não desistiu do seu sonho que, aliás, se tornou mais intensificado; ali, ele encontrou o seu mundo, preenchendo o vazio do seu ser e não abriria mão dele. Será ali, ali mesmo, que o seu sonho será concretizado. Não foi por acaso que aquele pedaço de terra recebeu o nome dado por Severino de "Bosque Encantado". Notemos, pois, a afinidade entre as famílias que se reúnem numa missão, ou melhor, num compromisso de resgate e realização: Mariazinha, Rodrigo e Cayana, como os principais autores intelectuais de um passado nebuloso de injustiças, vícios e torpezas, incluindo os demais que compõem a história.

XXIV

O PADRE MANOEL

Na primeira noite de Rodrigo no Bosque, como por encanto, todos sentiam algo diferente. Uma felicidade indizível se espargia no ambiente e todos sentiam os eflúvios salutares dessa virtude.

O relógio da parede já dera as doze badaladas. Era meia-noite. O dr. Rodrigo foi o primeiro a dizer:

– Meia-noite!... Precisamos descansar. O padre Manoel encerrou a conversação, com uma prece. Todos se despediram com um "boa-noite" de muito amor. Rodrigo dormiu numa cama de solteiro, no mesmo quarto da sua companheira. Padre Manoel custou a dormir, analisando as palavras do seu sobrinho a respeito da Doutrina Espírita. Na realidade, aquelas palavras tinham fundamentos. Como ele iria contestar um assunto tão sério e lógico, se ele era ignorante nesse sentido? E pensou: "Amanhã mesmo vou procurar estudar essa doutrina, pois sinto que há algo de verdadeiro e só podemos opinar sobre um determinado assunto se o conhecermos; é isso mesmo que vou fazer..."

Apesar de ter dormido tarde, Rodrigo levantou-se bem cedo e encontrou o padre já de pé.

– Bom dia, tio.

– Bom dia, Rodrigo, não vou poder me demorar muito, pois tenho de ir celebrar a missa, e a igreja não fica muito perto, mas temos alguns minutos para conversarmos.

– Pois não, tio, do que se trata?

– Olhe, filho, pensei muito essa noite nas suas palavras sobre a Doutrina Espírita. Eu gostaria de conhecer um pouco desse assunto. Você pode me emprestar alguns livros para eu ler?

– Com muito prazer, meu tio, isso me emociona muito porque os padres, em geral, acham que o espiritismo é coisa do diabo. E vejo que o senhor tem outra visão.

– Olhe, filho, eu gostaria que isso ficasse em segredo; só entre nós dois; aliás, em Cayana pode confiar; só entre nós.

– Tá bom, tio, vou lhe passar, de primeira mão, O Evangelho Segundo o Espiritismo e O Livro dos Espíritos, de Allan Kardec, depois passarei os outros do mesmo autor. Afirmo-lhe, meu tio, que estou muito contente por tudo isso que está acontecendo – e entregou os livros ao padre.

– Já vou, filho, pois não devo chegar atrasado.

O padre passou pela cozinha, cumprimentou a sua mãe, D. Vanja, que já estava passando o café no coador.

– A sua bênção, minha mãe. O café cheirou longe...

– Deus o abençoe, meu filho.

O padre tomou o café rapidinho e saiu com o embrulho na mão. Lá, ele ficou na casa da paróquia, onde passou primeiro e, depois, foi à igreja cumprir sua missão de sacerdote. Ao encerrar as suas atividades sacerdotais, o padre retornou à casa e teve pressa de ler os livros. Começou pelo Evangelho, abrindo-o ao acaso: – Capítulo VI – O CRISTO CONSOLADOR. Item 3. "Consolador Prometido".

3. "Se me amais, guardai os meus mandamentos; e eu rogarei a meu Pai e Ele vos enviará outro Consolador, a fim de que fique eternamente convosco: o Espírito de Verdade que o mundo não pode receber, porque o não vê e absolutamente o não conhece. Mas, quanto a vós conhecê-lo-eis, porque ficará convosco e estará em vós. Porém o Consolador, que é o Santo Espírito, que meu Pai enviará em meu nome, vos ensinará todas as coisas e vos fará recordar tudo o que vos tenho dito.(S. João, cap. XIV, vv. 15 a 17 e 26)"

Terminada a leitura desse item, o padre, de uma certa forma empolgado, voltou ao início do capítulo; e lê o item 1, 2, relê o 3, segue o 4, 5, 6, 7, e o capítulo é encerrado com o item 8. Durante a leitura do texto Evangélico, o padre Manoel viu o seu aposento iluminar-se. E, um tanto emocionado, ele disse: "Louvado seja Nosso Senhor Jesus Cristo!"

A partir desse dia, o padre Manoel tornou-se espírita; usava as práticas espíritas de maneira sutil, de forma que os seus fiéis achavam que ele era "santo". Ele usava os passes mediúnicos para curar as pessoas e dava-lhes o nome de "bio-energia". Os seus sermões tornaram-se profundos e emocionantes e só ele percebia que quase sempre era mediunizado. Os hábitos e costumes desse sacerdote foram mudando para melhor; passou a fazer mais caridade; deixou de cobrar os sacramentos. Batizado e casamento só cobrava dos ricos. Curava os doentes de corpo e espírito com a “bio-energia.” Assim, o padre tornou-se um verdadeiro e dedicado apóstolo de Jesus Cristo.

As demais obras da Codificação de Kardec foram lidas e estudadas com afinco. Ele era sempre aquela pessoa meiga e boa, que transmitia paz, luz e serenidade. Muitos admiravam um padre ser tão novo e tão dedicado.

XXV

...E A TROCA CONTINUA

Era uma manhã de setembro de mil novecentos e trinta e um. A primavera já se fazia presente.

Os campos floridos deixavam o ar impregnado de um doce e suave aroma, tão indefinido pela mistura de essências florais, que inebriava a todos que ali chegassem. Não só o néctar desprendido das flores, mas sobretudo o colorido delas, sua policromia, tudo era um convite à meditação. Assim se encontrava o Bosque, exibindo os seus encantos.

– Cay, pegue o bebê e vamos lá fora. Vocês precisam tomar o sol da manhã que ativa a produção da vitamina D – aduziu Rodrigo.

– Um momento, Guigo, que já vamos.

Cayana, com o seu filhinho ao colo, sentou-se num banco improvisado, de madeira, ao lado da velha buganvília. Rodrigo sentou-se ao seu lado, e faziam os planos para os preparativos do enlace. Ele foi o primeiro a falar:

– Olhe, amor, amanhã mesmo nós iremos ao cartório para darmos entrada nos editais de proclamas, pois só faltam vinte dias.

– Guigo, você esqueceu que não tenho registro de

nascimento, pois o que tenho não serve. O nosso tio Toninho, advogado, disse que a certidão que tenho é nula; vai ser preciso tirar outra porque a minha mãe está com o nome de Aparecida, e esta não existe.

– É mesmo, Cay, eu não havia pensado nisso. Já que é assim, você se registra como filha de seus pais verdadeiros.

– E daí, como podemos nos casar se ficarmos irmãos?

– Mãe do Céu! Você tem toda razão – diz Rodrigo – É um assunto para ser resolvido junto às nossas duas famílias.

– Está certo, Guigo. Ainda bem que nossos pais estão aqui, assim podemos discutir juntos. Mas antes vamos ver mesmo como vai ficar. A minha opinião é continuar como está. Só que, em vez de ser eu Cayana Maria de Jesus, será Cayana das Graças Pereira Silva. E a mãe Maria das Graças Pereira Silva. O pai continua o mesmo: Cayã (já falecido).

Rodrigo, sorrindo, falou:

– Como são interessantes as nossas vidas! Quanta afinidade temos! Os meus pais civis são os seus pais naturais e os seus naturais são os meus civis. Eu acredito, querida, que um dia teremos uma explicação para tudo isso, pois sabemos que nada acontece por acaso e não existem coincidências. Podemos perceber que a nossa afinidade, ligação e compromissos são muito grandes. O que será que fizemos no passado? Ah, não importa, o que vale mesmo é o presente, e neste estamos felizes.

– Parece que aprontamos juntos poucas e boas! – concluiu Cayana, sorrindo.

Mais tarde um pouco, todos reunidos para o almoço, ainda presentes os pais biológicos de Cayana, esta é a primeira a ventilar o assunto, que é de considerável importância e urgência.

Epifânio, deixando transparecer o seu egoísmo, era de opinião que ela fosse registrada como verdadeiramente era, a sua filha.

Rodrigo, meio nervoso, e com um ar de ironia, exclamou:

– Isso é ótimo, meu pai, porque eu também assumo a minha verdadeira identidade, e com muito prazer, porque sou filho de índio. Agradeço a Deus e à minha mãe Mariazinha, aqui presente, que me fez um caboclo.

– Não, filho, não é isso que eu quero, não. O que desejo é que ambos sejam registrados como meus filhos.

Cayana entrou no diálogo e falou ironicamente:

– Muito bem, meu pai, é isso o que o senhor quer? Nos separar? Como podem dois irmãos se casar? Será que a lei permite?

Epifânio, meio embaraçado, justificou:

– Não, minha filha, jamais farei isso. É porque eu não havia pensado nessa possibilidade. Na realidade, o meu egoísmo falou mais alto; mas eu retiro todas as minhas palavras e fica o dito por não dito.

– Muito bem – exclamou Mariazinha – então vamos todos ao cartório legalizar isso. O tempo está passando e é preciso mesmo registrar o Cayãzinho, que já está com dez dias de nascido, e por conta disso ainda está sem registro.

– E a senhora, minha mãe, já tem os seus documentos legalizados?

– Graças a Deus, meu filho. Quando aqui cheguei, na primeira semana papai cuidou logo dos meus documentos.

– Urge que resolvamos tudo imediatamente, porque não há tempo a perder.

Proferidas estas palavras, todos se apressaram em sair..

XXVI

OS PADRINHOS DE CAYÃZINHO

Os dias passaram céleres no Bosque Encantado. A vida profissional de Rodrigo, na Santa Casa, continuava na mesma rotina. Todavia, lá no Bosque, algo mudou. Há os preparativos para o casamento dos pais de Cayãzinho e batizado deste.

Foram escolhidos para padrinhos do menino o avô Epifânio e a avó Mariazinha. Esta não se mostrou de bom grado pela escolha do parceiro como padrinho, contudo nada disse para não contrariar os seus filhos. Com isso, Cayana quis apagar todo ressentimento existente entre filha e pai.

Assim, Rodrigo aprovou e aplaudiu de pé a escolha feita pela mãe do seu filho, afirmando ser este mesmo seu desejo.

Quando anunciaram ao velho Epifânio a notícia de que ele seria o padrinho do seu neto, ele chorou de emoção, dizendo:

– Meu Deus, será que mereço tamanha felicidade?!

Houve uma salva de palmas entre os familiares.

Mediante tantos acontecimentos com um final feliz,

Cayana não pensou duas vezes: pegou a pena e o tinteiro e escreveu uma longa carta a D. Eugênia, a sua verdadeira avó, que sempre se manteve como uma avó verdadeira, deixando-a a par de todos os acontecimentos, prometendo-lhe também ser lá, Sol Nascente, o lugar escolhido para a sua viagem de núpcias; e aproveitariam para levar o bisneto para os bisavós o conhecerem. Na carta, dizia também que eles já não iriam de carroça, mas sim de automóvel, um "fordinho", que Rodrigo acabara de adquirir. Seus avós, ao receberem a carta, não couberam em si de contentamento, pois era muito grande a tristeza, naquela família, pelos últimos acontecimentos.

A carta de Cayana veio a cair em cheio, como uma luz que surge na escuridão, iluminando aqueles corações entristecidos. Todos, eufóricos, davam graças a Deus por tudo que acabaram de saber.

Decidiram dar uma grande festa, convidar os amigos circunvizinhos e os das cidades próximas.

Programaram mandar celebrar uma missa em ação de graças e louvor. Dessa forma, haveria os preparativos de um lado e de outro; cá no Bosque Encantado, uma correria medonha, e lá em Sol Nascente, não se falava em outra coisa.

Cayana ofereceu um almoço a seus pais no Bosque Encantado; aí as duas famílias reunidas se confraternizaram. Todavia, o pai de Cayana percebeu um certo constrangimento por parte de Mariazinha, quando se aproximou dela e disse:

– Perdoe-me, Aparecida, por tudo o que lhe fiz sofrer.

Ela, com certo descaso, exclamou:

– Só aceito suas desculpas, se pedir a Mariazinha.

Ele, humildemente disse:

– Perdoe-me, Mariazinha, pelas minhas faltas cometidas. Sorrindo, ela apertou a sua mão,dizendo:

– Não há outro jeito mesmo, porque seu neto é meu neto, meu filho é seu filho, minha filha é sua filha. Eles se amam e nós os amamos também. Portanto, vamos nos unir, que a união faz a força e assim todos seremos felizes.

Com entusiasmo todos aplaudiram.

Assim, o almoço transcorreu na mais perfeita harmonia.

XXVII

AMOR À PRIMEIRA VISTA

Convém notar que Mariazinha era uma mulher muito bonita. Com seis meses apenas na capital e com a boa cabeça que tinha, inteligente como era, tornou-se bem rápido uma mulher elegante e atraente. Já surgiu a idéia de casamento. Pretendentes começaram a aparecer, mas ela não se mostrava ainda voltada para esse sentimento.

Faltavam dois dias para a grande festa. Havia muito movimento; eram os preparativos do casamento e batizado. Começaram a chegar os familiares que moravam mais distante. O mais surpreendente e inesperado foi a chegada de Cornélio, que havia mais de doze anos se mudara para o interior do Estado. Desde que fora, não voltou a dar suas notícias. Por coincidência ou não, o momento era oportuno. Cornélio era aquele homem, a "Estrela Guia" da família Severino. Não só ajudou, apoiou, como também orientou nas horas mais precisas, dispensando-lhe favores, cuidados e atenção.

Cornélio enviuvara havia cinco meses. Sentindo-se muito triste e só, sem filhos, não viu outra alternativa: resolveu retornar a Salvador. Vendeu tudo o que possuía lá, e veio recomeçar novamente na capital. Com quarenta e oito anos, cabelos já grisalhos, simpático, inteligente e bom, tinha tudo para ser feliz novamente.

Severino veio do interior da casa e teve a grande surpresa. Viu aproximar-se da sua residência o homem que não era somente um amigo e compadre que lhe estendera a mão, mas era muito mais do que isso, foi um pai sincero que não só orientou, ensinou e deu-lhes sobretudo amor, carinho e compreensão.

– Compadre Cornélio, quanta alegria em vê-lo!

– Alegria digo eu, compadre.

Os dois amigos se abraçaram afetuosamente, bem forte, enquanto o Severino disse:

– Vanja, venha ver quem acaba de chegar.

Notemos, pois, que a chegada de Cornélio veio somar-se à alegria daquela gente.

– E o meu afilhado, como está?

– O seu afilhado, compadre, é o nosso orgulho. Tornou-se um padre. Não é gabar, não, mas é padre mesmo, de vocação.

– Oh, que bom, como fico feliz...

– Onde ele está? Aqui mesmo em Salvador?

– É sim. Ele responde pela freguesia de Nossa Senhora da Penha, em Itapagipe, mas sempre aparece por aqui.

Houve uma pausa.

Cornélio dirigiu-se à porta dos fundos para apreciar a chácara, quando deparou com a figura singular de

Mariazinha, que vinha trazendo um cesto de uvas frescas que acabara de colher.

Os olhares se cruzaram, os corações se aceleraram; um sentimento, nunca antes sentido, plasmou entre eles, fecundando a semente no solo fértil do coração, fazendo nascer um amor, puro e sincero, à primeira vista.

Ele aproximou-se, estendendo-lhe a destra, se apresentando:

– Muito prazer, Mariazinha.

– O prazer é todo meu.

Mariazinha pediu licença e se afastou, mas aquela fisionomia de olhar sereno não saiu do seu pensamento. E ela, pensativa, perguntou à sua mãe.

– Quem é esse homem, minha mãe?

– Ah, filha, eu já lhe contei todas as histórias da nossa mudança; esse é o compadre Cornélio, o nosso anjo protetor que fez com a gente mais do que um pai.

– Ele é casado, não é, minha mãe?

– É sim, filha, com a minha comadre Iraci (nota-se que, até então, D. Vanja ainda não sabia da viuvez do seu compadre).

Lá, na sala de visita, os dois compadres conversando, Cornélio falou da morte da sua esposa e as lágrimas brotaram nos seus olhos. Ele contou:

– Ela morreu de repente, compadre; houve uma parada cardíaca. Perdi a minha companheira. Lá para mim não serviu mais. Vendi tudo e voltei trazendo só as boas lembranças; as tristes, nem gosto de recordar.

– Sinto muito, meu compadre, pelo que aconteceu. Pode ficar tranqüilo aqui conosco, que, com fé em Deus, nada vai lhe faltar.

– Sei disso, compadre; apesar de ser eu um homem de boas condições financeiras, me falta tudo: uma família. É por isso que estou aqui.

– O compadre fez muito bem em ter vindo.

Chegou Mariazinha trazendo a bandeja, e o café é servido.

– Essa é minha filha, a Mariazinha, diz o Severino.

– Nós já nos apresentamos, mas não sabia ser a sua filha. Será que estou equivocado?

– Não. O compadre está certo; quando viemos para cá, ela não estava conosco porque havia sumido. A história é longa, compadre.

Mariazinha voltou com a bandeja, e Severino contou toda a história da filha, incluindo Rodrigo e Cayana, e o motivo dos preparativos para os festejos. E Severino concluiu a conversa dizendo:

– Eh, o senhor está viúvo; minha filha Mariazinha desimpedida. Quem sabe se ainda não vai ser o meu genro, ou melhor, meu filho?

– Eh, compadre, ela é muito bonita. Será que ela me quer?

– Tente conquistá-la, que terá todo nosso apoio.

Os dois sorriram e encerraram o papo.

Sábado. Chegou o grande dia tão esperado. Tudo aconteceu como fora planejado. Houve o casamento e o batizado. Foi uma grande festa.

Mariazinha e Cornélio, já namorando, entraram na igreja de braços dados.

No dia seguinte, os recém-casados viajaram para a fazenda Sol Nascente e levaram o filho. Foi um motorista dirigindo o automóvel. E, assim, o amor continuou.

Cornélio e Mariazinha foram passear em Itapagipe, para passar o domingo com o padre Nezinho, afilhado do Cornélio, e aproveitaram para ir à praia tomar um banho de mar. À tardezinha, os dois, bem queimados de sol, felizes, retornaram ao Bosque em companhia do padre.

No jantar, Cornélio aproveitou que todos estavam reunidos, e pediu a mão de Mariazinha em casamento, o que foi aceito com alegria. A data do enlace ficou a ser marcada após a chegada dos recém-casados.

XXVIII

O SERMÃO DO PADRE MANOEL

Era uma manhã de domingo. Dia de comemoração na igreja de Nossa Senhora da Penha. Estava tudo muito bonito. As damas católicas exibiam seus ricos trajes, que se adequavam muito bem à ocasião. Os fiéis estavam ali firmes, ansiosos, um tanto eufóricos, à espera do sermão do padre Manoel. Era o comentário geral que este, ultimamente, estava sendo muito inspirado. Suas alocuções tornaram-se deveras emocionantes. O fato tornou-se notório.

É de se observar que um evento como esse estava sendo realizado pelo lado de fora da igreja, sob a forma de "missa campal", pois o espaço interno tornara-se muito pequeno para comportar tanta gente, não levando em conta os curiosos que queriam conhecer o padre: se era bonito ou feio, se velho ou novo. O certo é que eles queriam tirar a limpo se os comentários a seu respeito eram verdadeiros. E, assim, todos sentiam a paz que o carisma do padre deixava passar. Destarte, os ouvintes prometiam a si mesmos voltar novamente. Foi assim que o padre Nezinho conquistou a popularidade: graças às suas virtudes. Conseguiu arrancar de dentro das suas casas pessoas comodistas, as quais não se preocupavam com religião alguma; fez renascer a fé nos corações endurecidos e cépticos.

Aberto o Novo Testamento em Mateus, cap. V; v 48. Lê-se: "Sede vós pois perfeitos, como é perfeito o vosso Pai que está nos céus."

O padre aproveitou para falar sobre o dever, a perfeição, o homem de bem e também sobre o amor ao próximo e o perdão das ofensas. Todavia firmou-se mais no tema "Virtudes e Vícios." Fez ressaltar que o homem virtuoso é aquele que traz consigo o gérmen do bem: ser modesto, caridoso, trabalhador, honesto e outros sentimentos agradáveis ao Senhor. Lembrou-se de que o homem virtuoso é pouco conhecido do mundo, mas conhecido de Deus. Continuou ele: "Meus bem-amados irmãos, afastai dos vossos corações o sentimento de orgulho, de vaidade, do amor próprio, do ciúme, da inveja, os quais ofuscam sempre as mais belas das qualidades. A virtude é a graça que desejo para todos vós; sede, pois, sinceros com vós mesmos e com vossas consciências, fazendo sempre o melhor ao vosso alcance."

O padre falou também sobre o vício, ressaltando que o homem, por mais errado e pecador que seja, pode regenerar-se e tornar-se um dia um homem de bem. E continuou:

"É um dever de todos nós, cristãos, tentar compreender as pessoas viciosas, ajudá-las, assim, quando se faz necessário, pois todos nós estamos sujeitos a erros e quedas. Todos nós, por mais que nos esforcemos, ainda cometemos erros, porquanto isto faz parte da nossa imperfeição. Conhece-se o homem de bem pela capacidade que ele tem de substituir os seus defeitos por virtudes cristãs."

Em seguida, o padre encerrou o seu sermão com um belo poema que emocionou a todos.

VIRTUDE – VÍCIO – AMOR

Mediante o vaivém da vida,
O BEM a PAZ conheceu.
Apaixonados ficaram
E a união aconteceu.
O amor se consolidou
Em toda a sua plenitude,
Nasceu uma bela criança
Denominada VIRTUDE.

VIRTUDE é linda e pura,
Sabe se olhar no espelho
Com humildade e ternura.
Do Mestre segue os conselhos.
Ela é a caridade,
O amor, a sabedoria e a luz,
Com ela está a verdade
Dos ensinos de Jesus.

....

No campo do precipício
A VIOLÊNCIA viu o MAL;
Olharam-se. Entenderam-se,
Semelhante atrai o seu igual.

Vindo, então, o fruto propício;
Dessa aliança foi feito
O monstro chamado: VÍCIO.
Vício é feio, horroroso,
É o aliado do crime,
Vive a prejudicar os outros,
Nele, a maldade se imprime.

Um dia, o monstro saiu e viu,
Lá do outro lado da rua,
Uma moça na janela;
Era a VIRTUDE tão bela,
Por ela se apaixonou.
Como aproximar-se dela?
Ele pensou, e repensou...
Se ele era um monstro, a fera...
E ela, tão linda, tão bela!

Do monstro ela teve pena,
E se propôs a ajudá-lo
Estendendo-lhe a sua mão
Para, do alto, puxá-lo.
Contudo, não foi possível
Porque Vício era pesado;
Virtude deu-lhe esperança,
Nova vida de bonança.

Teria de o monstro morrer
E um anjo novo renascer.
Virtude fica a esperar
Vício se recuperar.

Muito tempo se passou,
Regenerado voltou,
Com o nome de AMOR –
Para a Virtude abraçar.

Terminada a missa, todos queriam cumprimentar o padre e agradecer-lhe pela lição que lhes foi transmitida; mas, na realidade, o que eles queriam mesmo era ter a chance de poder apertar-lhe a mão.

Então foi entoado um hino de louvor.

Em seguida, processou-se o momento da ajuda espiritual. Todos os fiéis aproximavam-se para a transmissão da energia magnética. O padre, então, impunha as mãos sobre as suas cabeças, e assim eles recebiam a graça de acordo com o seu merecimento.

A notícia começou a se espalhar de que o padre estava fazendo milagres. Ele, com muita paciência, explicava:

– Meus confrades queridos, não digam semelhante coisa. Eu sou um humilde pecador, assim como todos vocês o são. "Atire a primeira pedra quem não tiver pecados. Eu apenas sou um simples instrumento nas mãos do nosso irmão maior, Jesus Cristo. Que seja feita a vontade do Pai."

Todos repetiram. "Amém"

XXIX

A RECUPERAÇÃO DE JOANA

Era uma tarde chuvosa. Fazia muito frio. Dr. Rodrigo, depois de um dia bastante cansativo, retornou ao seu lar. No caminho de casa, ouviu gritos de alguém que pedia socorro. Ele parou e ficou a escutar. Em seguida, foi em direção dos gritos. Aproximando-se, observou que havia alguém caído na vala. Ele chegou mais perto. Viu que era a "Joana Beiju Preto", que pedia por socorro.

– Tire-me daqui, seu desgraçado. Não vê que estou ferida?

Rodrigo pouco se importou com os xingamentos, pois ele sabia que se tratava de uma doente mental. Estendeu-lhe a mão e, com muita dificuldade, conseguiu tirá-la do buraco.

Ela estava com a perna quebrada.

O médico, penalizado, carregou-a nos braços, até ao seu automóvel. Joana, sentindo muita dor, soltava cada vez mais palavrões.

– Você me conhece, Joana? – inquiriu o médico.

– Conheço sim, é aquele índio desgraçado, mas você me paga.

– Olhe, Joana, estou lhe ajudando e você fica a me xingar?

Ela resmungou baixinho, todavia deu para ele ouvir: "Jurema me pertence, viu?..."

Ele, porém, fingiu não ouvir e ficou analisando os resmungos da tontinha. Joana era conhecida por "Joana Beiju Preto", porque os seus cabelos não conheciam pentes; os fios eram sujos e colados, em forma de um grande beiju preto. Daí, veio o apelido. O médico levou-a para o hospital e cuidou dela com muito carinho, pois ele sabia perfeitamente que tinha dívida a acertar com ela, e que esse encontro não fora por um acaso.

– Joaninha, eu vou cuidar de você. Mas é preciso que pare de xingar. Tá certo?

Ela só resmungava. O médico aplicou-lhe uma injeção para dormir, a fim de fazer o acompanhamento necessário.

As enfermeiras cuidaram primeiro da higiene do corpo, que trazia um odor bastante desagradável.

Dr. Rodrigo se interessou pelo caso e cuidou da sua paciente, não só física como espiritualmente. Pediu ajuda a seu tio padre, que sempre ia visitar os doentes na Casa de Saúde.

Assim que Joaninha recebeu alta do hospital, Rodrigo a levou para sua casa e deixou-a ficar numa das dependências do Bosque.

Percebendo que a loucura da Joana era puramente espiritual, e como ela estava com a perna engessada, não podendo andar, o médico e o padre cuidaram dela com muito cuidado. Com um mês de acompanhamento espiritual, notava-se grande melhora. Joaninha já era outra. Aceitava, de bom grado, o banho, todos os dias; cabelos curtinhos, agora penteados. Dava gosto de ver a sua transformação.

Joana era assim: se ninguém a provocasse, ela era inofensiva. Todavia, os moleques da rua não a poupavam. Regozijavam-se com a sua loucura. Andava suja, malcheirosa, pés no chão, cabelos feito um beiju preto. Pronunciava constantemente nomes ruins e palavrões indecentes.

Feito o acompanhamento adequado, os obsessores foram doutrinados e aos poucos foram se conscientizando. Assim, a melhora da paciente tornou-se notória. O médico deixou que o gesso ficasse por mais tempo, para melhor cuidar dela. Foi assim que ele conseguiu um resultado satisfatório. Passados seis meses, estava lá, no Bosque, a Joaninha curada e muito amada por todos. Não mais se mudou de lá. Apegou-se ao povo da casa, passando a ajudar nos serviços domésticos. Ganhou dentes novos, adquiriu hábitos de higiene e aprendeu prendas domésticas.

Quem mais se apegou a ela foi Mariazinha, pois ela se via numa situação semelhante, quando chegou a Sol Nascente, à casa da D. Eugênia.

XXX

A TOMADA DE DECISÃO

A chegada dos recém-casados à fazenda Sol Nascente foi motivo de euforia; a alegria era transbordante. De todos os lados, notavam-se traços de felicidade. O reencontro do novo casal com seus avós, familiares e amigos, a presença de Cayãzinho, tudo isso era muito confortador. Enfim, tudo se completava. Além disso, o momento era o mais oportuno, pois o senhor Juvêncio se encontrava acamado, muito doente e precisando de cuidados médicos. Só estavam aguardando a chegada do dr. Neto para diagnosticar-lhe o mal e indicar o melhor caminho.

Ao chegar, dr. Rodrigo nem descansou. Olhou tudo, como se tivesse sede de realizações, de fazer tudo, atender a todos que necessitassem. Todavia, ele viu que o caso do seu avô era prioridade e mais sério do que se pensava. E de primeira mão cuidou logo disso.

No dia seguinte, bem cedo, eles foram à fazenda Monte Alegre (dos seus pais), levando o Cayãzinho e a sua nova babá.

Ao pisar naquele solo, sua alma, sensibilizada, buscou as reminiscências que o fizeram refletir. E uma sensação inexplicável fez estremecer o seu invólucro físico; e a tomada de decisão foi imediata.

Rodrigo sentiu algo mais forte vibrar no seu ser e uma grande vontade de voltar a fixar-se no seu antigo *habitat* o dominou. Sentiu-se fascinado e dividido. Recordou-se, outrossim, das suas lembranças no Bosque Encantado, outrora Jurema. Ficou petrificado. "Ah!... isso é passado" – pensou Rodrigo.

Sentiu que tinha um compromisso muito sério com os seus conterrâneos. Ficou preocupado em deixar o convívio dos seus familiares, dos avós, amigos de Salvador. Mas, o que fazer? E um impulso violento e decisivo falou mais alto. "É aqui o meu lugar. O meu povo precisa de mim. Os de lá vão entender. Eles têm o conforto e a assistência que a cidade grande lhes oferece, e os daqui, coitados! Eles têm o quê? Ah, não, não vou deixá-los."

– Cay, o que você acha? Estou pretendendo fixar a nossa residência aqui na nossa fazenda, Monte Alegre, pois desde criança alimento este sonho: cuidar dos menos favorecidos. O amor que sinto por este lugar é inexplicável. Tenho a impressão de que mãos, surgidas do passado, me obrigam a fazer coisas muito especiais. Agora chegou o momento. Nós, Cay, nascemos aqui, crescemos e fomos felizes aqui. Não é agora que vamos ser ingratos com o nosso torrão natal e com o nosso povo. E você, o que pensa disso?

– Ah, Guigo, eu não poderia lhe fazer este convite, mas que pensei a mesma coisa, pensei. Parece até que foi uma comunicação de pensamentos. Não vou lhe perguntar que coisas especiais são essas, porque você já acabou de me dizer.

– Então, vamos pensar melhor, e organizar tudo direitinho, em quinze dias, conforme o estado de saúde do vovô. Se houver melhora, tudo bem; se não, o levaremos conosco para Salvador, para um melhor acompanhamento. Enquanto isso, providenciaremos a nossa mudança definitiva.

– Estou pensando uma coisa, Guigo – disse Cayana – é que os nossos pais não vão querer ficar lá sem a gente. Acredito que eles virão também.

– Isso vai ser muito bom para eles, que são acostumados com a vida do campo. Já pensou, Cay, o sacrifício que eles estão fazendo por nossa causa? Pois sabemos muito bem que eles não gostam daquela vida. E precisam cuidar das suas coisas. Não faz sentido eles continuarem morando por lá. Você já percebeu como o nosso velho pai anda ocioso? Isso não faz bem à sua saúde. O que não está acontecendo com o vovô Severino, que sempre está cheio de afazeres. A nossa mãe Mariazinha, essa vai ficar por lá mesmo, porque agora parece que encontrou o amor da sua vida; afinal de contas, ela merece.

– Que bom que ela está feliz – aduziu Cayana, com uma ponta de ciúme.

Na presença dos avós, em Sol Nascente, os dois, juntos, transmitiram a notícia das suas decisões. Os velhos, sensibilizados, deixaram as lágrimas de emoções escorregarem pelas suas faces sofridas.

– Olhem, vovô e vovó, nós não tínhamos pensado nisso antes, mas, quando aqui chegamos, uma onda de recordações fez-nos refletir melhor. Estamos decididos a vir morar aqui. Monte Alegre nos cobrou esse compromisso;

só então, vi que os meus patrícios precisam de mim, dos meus cuidados médicos. Estou pensando em não só cuidar da fazenda Monte Alegre, mas também dar assistência a esse povo sofrido nesse lugar, onde tudo é mais difícil. Já pensou, vovó, quantas pessoas já morreram aqui, sem um tratamento médico?

– É isso mesmo, meu filho. Que coração bom você tem! Deixar o conforto da cidade para vir cuidar de nós.

– Não estou fazendo nenhum sacrifício, vovó; vou fazer o que gosto com muito prazer.

– Deus o abençoe, meu filho – disseram os dois numa só voz.

– Amém.

Amanhã mesmo irei ao vilarejo Várzea Grande ver uma casa para eu instalar o meu consultório. Com o automóvel, agora ficou mais fácil. Só dez quilômetros de distância de Monte Alegre, dá para ir e voltar todos os dias.

– Estou me lembrando, vovó, das dificuldades enfrentadas para ir à escola. Todos os dias, no lombo do cavalo. Hoje tudo está ficando mais fácil. De carro é num instante. O Cayãzinho já não vai encontrar essa dificuldade.

– Eu que não precisei montar em cavalo para estudar fora, porque minha vovozinha aqui, D. Eugênia, foi ótima professora. O pouco que sei fazer, ler e escrever, agradeço a ela – concluiu Cayana.

O papo foi encerrado. O dr. Neto tomou a pressão do avô, dizendo: “Está normal. Temos que cuidar agora dessa bronquite.”

Como médico homeopata, Rodrigo não se descuidou de levar os seus medicamentos. Preveniu-se como pôde, levando vários caixotes, pois ele sabia muito bem o quanto eles iam ser úteis. Graças a esses cuidados, o restabelecimento do velho avô foi mais rápido do que se esperava.

Passados os quinze dias planejados, eles retornaram a Salvador a fim de concretizar a mudança.

XXXI

O DESPERTAR DE UM SONHO

A tomada de decisão fez com que o casal permanecesse menos tempo na fazenda Sol Nascente do que o planejado. O restabelecimento do senhor Juvêncio concorreu para que esse retorno a Salvador se realizasse mais rápido.

O dr. Rodrigo, a seu turno, não falava em outra coisa. Parecia mais uma criança de posse de seu brinquedo predileto. Dormia e acordava fazendo planos: cuidar do seu povo, principalmente do carente, fazer uso da Medicina Homeopática, pôr em prática as Terapias Alternativas. Assim, cada vez mais ele se tornava mais empolgado. Alegrou-se ainda mais em conhecer pessoalmente D. Elza. Pessoa simples, bem intencionada, que tudo fazia para ajudar o próximo com os seus dons mediúnicos. Apesar da sua ignorância, era possuidora de sentimentos de nobreza, solidariedade e, sobretudo, de humildade. Até então, Rodrigo só a conhecia de nome, por ouvir dizer. Interessou-se pelos seus dons e pôde perceber que a sua mediunidade era de cura. Embora D. Elza fosse uma pessoa de pouco conhecimento (semi-analfabeta), a sua filosofia de vida era um exemplo. Deixava passar para as pessoas uma tranqüilidade que lhe era tão peculiar, que todos sentiam uma vibração salutar ao dela se aproximarem. D. Elzinha, por assim dizer, curava as pessoas, benzia-as de mau-olhado, de mordedura de cobra venenosa, de bichos peçonhentos e de outros males que vinham afligir as pessoas. Era humilde, sincera, possuidora de muitas virtudes. Não cobrava nada de ninguém pelos seus trabalhos. As pessoas beneficiadas a enchiam de presentes, e nem por isso ela se envaidecia. A maioria era distribuída para os pobres.

O dr. Rodrigo Neto, sendo um caboclo, médium ostensivo, médico homeopata, e vendo uma pessoa como a D. Elza, com tão nobre coração, a vontade que ele teve foi de se juntar a ela, aos seus ideais. Destarte, a simbiose seria completa. Ele a ajudaria com os seus conhecimentos, e ela a ele, com a sua experiência de vida. Os dois tinham algo em comum, se afinavam, pois eram possuidores dos mesmos sentimentos cristãos.

– Bom dia, D. Elza. Eu sou o Rodrigo, seu criado.

– Bom dia, dr. Rodrigo! Quanto prazer em revê-lo, pois a última vez que o vi você era um garotinho ainda. Seja muito bem-vindo! Vamos entrar.

– Obrigado, D. Elza. Fiquei sabendo o que a senhora tem feito ao nosso povo. Estou aqui para...

Ao ouvir a palavra "para", ela o interrompeu, gaguejando:

– Não, dr. Rodrigo, o senhor não pode me incriminar porque a única coisa que faço nesta vida é ajudar aos outros.

– Calma, dona Elzinha. Quem lhe disse que eu vim aqui para julgá-la ou reprová-la? Muito ao contrário. Vim para abraçá-la e parabenizá-la pelos trabalhos que vem desempenhando na ajuda desse povo sofrido. Estou aqui, D. Elza, para lhe dizer que estou vindo embora, vou me estabelecer aqui e preciso da sua ajuda.

– Eu, dr. Rodrigo? Para que serve uma pessoa como eu, junto a um médico?

– Nós, D. Elzinha, temos uma tarefa, ou melhor, um compromisso com o nosso povo. O muito que tardar, trinta dias, estarei de volta ao nosso meio, "de mala e cuia," como diz o ditado.

– Eh, doutor, pelo visto, o estudo não virou a sua cabeça, não; pois até os ditados daqui o senhor está usando.

Sorrindo, vão até a cozinha para tomar o café da dona Elzinha com o famoso "chimango" [1]

A prosa continuou animada.

Quando o doutor se preparava para se despedir, foi interrompido por alguém batendo à porta, insistentemente.

Já era tardezinha, o Sol já estava começando a se esconder no púrpuro horizonte. Aproximava-se a hora da Ave-Maria, momento em que a dona Elzinha orava o Terço à Nossa Senhora Aparecida.

Bateram mais vezes. Era um casal trazendo uma criança de mais ou menos quatro anos, com muita dificuldade de engolir os alimentos, dor e inchaço na garganta. Trouxeram-na para a dona Elzinha benzê-la.

Dr. Neto examinou a criança e viu que se tratava de

1– Chimango – bolo de tapioca muito usado no interior da Bahia.

uma doença de grande periculosidade, a difteria, também conhecida por "crupe".

– Eh, seu João, o caso é mais sério do que se pensa. A sorte é que eu trouxe medicamentos de Salvador, senão seria difícil seu filho sair dessa – concluiu o dr. Neto. Vamos agora mesmo à Fazenda Sol Nascente. Entrem no carro, o mais rápido possível, pois o caso exige cuidados especiais.

Chegando à Sol Nascente, cuidou logo do enfermo. Liberou o pai do menino para ir cuidar dos seus afazeres, e a mãe ficou instalada com o filho no ex-aposento de Aparecida (Mariazinha), o mesmo onde o médico nascera. Com três dias, o doente recebeu alta, já fora de perigo.

– Graças a Deus, pude ajudar a salvar uma vida – pensou o dr. Rodrigo.

Os dias passaram. Chegou o momento de retornarem a Salvador para arrumar a mudança.

XXXII

A VOLTA DO CABOCLO

Era uma madrugada amena do mês de novembro, já no alvorecer de um novo dia. Os primeiros sinais da aurora se faziam presentes. Ouvia-se, aqui e acolá, o coaxar das rãs. Os pirilampos e besouros fugiam para se recolherem aos seus esconderijos; os vaqueiros dirigiam-se aos currais para fazer a ordenha das vacas leiteiras; os galos cantavam para saudar o novo dia.

Os nossos interlocutores despertaram e se levantaram para viajar bem cedinho. Dona Joaninha, a servidora da casa, já estava com o café pronto. Eles deixaram tudo arrumado de véspera, para não atrasar a viagem. Só levaram os objetos de uso pessoal e os de primeira necessidade. Dia e meio de percurso de automóvel, devido à precariedade das estradas; de animal seriam cinco dias.

Ao chegarem à capital da Bahia, antes mesmo de irem ao Bosque Encantado, passaram primeiro pela casa dos seus pais para anunciar a novidade. Como previu Cayana, eles receberam a notícia com grande júbilo e decidiram, sem vacilar, voltar juntos.

– O nosso retorno será o mais rápido possível; não

pretendo me demorar muito. Só o suficiente para arrumar o necessário – disse Rodrigo.

Todos muito contentes, começaram a tomar as devidas providências para a mudança.

Chegando ao Bosque, com cuidado, transmitiram a notícia. Todos ficaram deveras muito tristes, todavia compreenderam. Só Mariazinha que não se conformou. Quase rompeu o noivado com o Cornélio, mas este, muito calmo e precavido, carinhosamente lhe prometeu que mais tarde ele compraria um pedaço de terra, próximo à fazenda dos seus filhos, e eles, assim, ficariam por perto. A contragosto, ela se conformou.

Mariazinha e Cornélio marcaram a data do casamento religioso para três dias após; o civil seria posteriormente ao correr dos proclamas. Nesse caso, os filhos só assistiriam ao casamento religioso.

Epifânio deixou a casa toda mobiliada à disposição do novo casal; todavia, Cornélio só aceitou na condição de compra, pois ele queria empregar um pouco do seu dinheiro.

Assim, o negócio foi efetuado tudo nos conformes, com todos os móveis e utensílios existentes na casa.

A notícia da mudança do médico foi um abalo para todos. Médicos, funcionários do hospital, amigos íntimos de Rodrigo, não se conformavam com a sua decisão, não deixando de falar da senhora da pensão, Dona Carmélia, com quem Rodrigo mantinha estreita ligação de amizade, pois ele convivera muitos anos com ela, desde a adolescência, e sempre fora considerado como um filho.

Os três dias programados foram suficientes para a arrumação e realização do casamento da mamãe Mariazinha. Foi tudo muito simples, porém, bonito.

Recebidas as bênçãos do padre Manoel, houve uma festinha no Bosque Encantado. Padre Manoel se propôs a ir à fazenda Sol Nascente, oito dias após a partida dos seus queridos sobrinhos, para celebrar uma missa na Capela de Nossa Senhora da Conceição, naquela fazenda. Convidariam as pessoas do vilarejo Várzea Grande e as comunidades circunvizinhas para comemorar a chegada do novo médico à região.

Quinze dias depois, chegou o momento do retorno. Dois automóveis partiram em comitiva, levando as duas famílias: pais e filhos.

A notícia da chegada do médico-caboclo à região se espalhou quando foi feito o convite para a missa na fazenda Sol Nascente.

Passados os oito dias combinados pelo padre, foram dois automóveis de Salvador a Sol Nascente, conduzindo várias pessoas. Em um, foram o padre Manoel, Dona Vanja e os seus dois filhos caçulas, Raquel e Jaime, esse, de vinte e quatro anos, conduzindo o automóvel. No outro, Cornélio, Mariazinha, Rute e Milton, seu esposo. Estes iriam hospedar-se em Sol Nascente com seu Juvêncio e D. Eugênia, de quem Mariazinha sentia muitas saudades, estimas e considerações.

Aquelas fazendas já estavam repletas de gente. Os primeiros ficariam hospedados em Monte Alegre, com Epifânio e Eulália, pais de Rodrigo e Cayana.

Eulina, com o esposo e uma filha moça, vieram

também de São Paulo. A última vez em que lá estiveram foi muito desagradável com o impasse ocorrido entre Epifânio e Cayana, que atingira a todos.

E agora?... Tudo mudou. Só paz e compreensão. São os milagres do amor, como diz o padre Manoel.

Destarte, a programação foi perfeita; superou todas as expectativas.

XXXIII

O MÉDICO EM SEU NOVO *HABITAT*

Na vida, nem sempre tudo são flores. Mediante as vicissitudes, todos nós estamos sujeitos aos acertos e desacertos; aos prós e contras. O certo é que, se Jesus Cristo voltasse a viver, hoje, encarnado no nosso meio, Ele, provavelmente, ainda seria incompreendido e, talvez, morresse da mesma forma de dois mil anos atrás.

Como vemos, o dr. Rodrigo era um médico simples, humilde, humanitário, bem intencionado, que tudo procurou fazer para ajudar a humanidade, principalmente aos menos favorecidos. No entanto, não foi compreendido.

Ao chegar ao seu lugar de origem, providenciou tudo. De primeira mão, instalou o seu consultório no vilarejo Várzea Grande e improvisou outro numa sala da sua casa na fazenda Monte Alegre. Assim, ele ia atendendo uns e outros, dentro das suas possibilidades. Como a flora da região lhe oferecia grande diversidade, e ele, vendo que o povo era de parcos recursos, lançou mão da Fitoterapia, pois, além de ele ser médico homeopata, tinha grande queda pelas plantas. Assim, ele e a sua esposa, quase todos os dias bem cedinho, se embrenhavam mata a dentro, em busca de raízes e plantas medicinais. A sua companheira acabou se tornando notável conhecedora do assunto. A cada momento, ela surpreendia o médico-caboclo, seu esposo.

– Olhe, Guigo, encontrei aqui uma farmácia; quanta coisa! Parece até que os nossos antepassados prepararam este horto para nós. Veja bem, temos aqui o mulungu, para insônia; o jatobá para prostatite, cistite e impotência sexual; o xiquexique para feridas; o jenipapo para amigdalite, faringite e sífilis. Quanta coisa, meu Deus! Obrigado, Senhor! Em cada planta desta, eu vejo uma pessoa curada.

Rodrigo ficou surpreso e boquiaberto, vendo a sua mulher, que ele achava tão inexperiente, falando aquilo tudo. Ele ainda não podia compreender se ela estava mediunizada ou se eram recordações de outras experiências de vida, pois, até então, ele não havia notado essa sua tendência. Ficou a observá-la.

Ela continuou:

– Veja, Guigo, ali embaixo, no chão, as plantinhas. Cada uma tem a sua valia. Veja: mastruço tem uma larga aplicação. Serve para artrose, verminose, hemorragia pulmonar e para muitas outras enfermidades. O quebra-pedra, ótimo para os rins. Tanchagem, para qualquer inflamação.

Assim, ela foi definindo, uma a uma, com grande segurança e precisão.

A partir desse momento, Rodrigo percebeu que ele tinha uma grande aliada na Medicina Natural e que ele poderia contar com ela em todos os sentidos. Destarte, a vida do casal transcorria em plena sintonia.

Eles construíram um jardim de ervas medicinais; Cayana era quem cuidava com todo zelo e carinho.

Rodrigo comprou um casarão-sobrado na Várzea Grande, da família do Coronel Ferreira. Este falecera há cinco anos.

Na casa, ele instalou o seu consultório. Colocou leitos nos amplos aposentos. Os doentes que precisavam de tratamentos especiais ficavam ali, internados, com um acompanhante da família para ajudar a cuidar do enfermo. Cayana e D. Elzinha funcionavam como enfermeiras. Assim, o médico-caboclo vivia feliz no seu novo *habitat.* Conquistou a confiança e a amizade de todos.

XXXIV

A PERSEGUIÇÃO DO PADRE

Em todas as épocas e em todos os lugares há pessoas de olhos grandes, de inveja. Sabemos, também, que, quando se faz sombra, isso incomoda os egoístas, invejosos. Foi o que aconteceu com o nosso caboclo.

Tudo começou com a vinda do padre Manoel à fazenda Sol Nascente. O vigário da Paróquia, padre Roque, que comumente só ia à Várzea Grande de seis em seis meses, ficou enciumado porque não pediram a sua permissão para ser celebrada a missa na sua freguesia.

Soube dos feitos do médico e que ele era espírita, aliado da D. Elzinha, considerada, pelo padre, como bruxa. Aí, começou a desavença. O padre Roque foi a Várzea Grande celebrar a missa de rotina, e o seu sermão foi de ofensa e desacato à pessoa de Rodrigo, chamando-o de charlatão, raizeiro e bruxo; que estava matando o povo simples e humilde daquela região sofrida.

O dr. Neto, tomando conhecimento do ocorrido, ficou muito triste, revoltado e, sobretudo, decepcionado. Todavia, não se deixou abater, continuando na sua luta missionária com ajuda da sua esposa.

Rodrigo, Cayana, D. Elzinha e mais uns dois companheiros, faziam sessões espíritas. O médium mais experiente era o médico. Numa dessas sessões, Cayana recebeu, mediunicamente, um Espírito que fora médico e espírita enquanto viveu na Terra, na última encarnação; o mesmo que fizera o seu parto através de Rodrigo.

O espírito dizia ao caboclo que se preparasse, que ele estava sendo vítima de uma cilada, que o algoz estava sendo assediado por forças ocultas, inferiores, e pretendia acima de tudo destruí-lo. Porém, que pudesse ficar confiante, que tudo iria sair bem.

Ciente de tudo, Rodrigo ficou aguardando o momento aprazado, com a consciência tranqüila.

Um mês após aquele sermão do padre Roque, chegou à Várzea Grande uma junta médica, com segurança de policiais, para fazer uma sindicância sobre as denúncias recebidas.

Dr. Rodrigo foi intimado. De cabeça erguida, compareceu ao julgamento. Esteve presente também o denunciante, o padre Roque.

Para surpresa de todos, o chefe da Junta Médica, vindo de Salvador, não foi outro, senão o doutor Honório, professor, colega e amigo íntimo do doutor Rodrigo Neto.

Na sala da delegacia onde o acusado fora intimado a depor, já se encontravam presentes os membros da Comissão de Inquérito: o presidente, dr. Honório, e demais membros, e o denunciante, padre Roque.

Ao entrar na sala, os olhos de Rodrigo depararam com os do seu protetor amigo, dr. Honório. Ambos fingiram não se conhecerem. O médico acusado sentiu uma vibração de alívio e de paz que lhe deu firmeza, pois, além de colega e amigo, era também espírita.

As perguntas foram feitas a Rodrigo pelo presidente da Comissão.

– Dr. Rodrigo Neto, pela denúncia, o senhor está sendo acusado de charlatão. Como se explica isso?

– Dr. Honório, ninguém, melhor do que o senhor, poderá julgar-me, pois, como bem sabe, me formei na Escola de Medicina da Bahia, tive o senhor como meu mestre, trabalhamos juntos na Santa Casa de Misericórdia; portanto, acho eu que o senhor é a pessoa mais indicada para fazer essa avaliação.

– Pois bem, o senhor, dr. Rodrigo, foi também denunciado de raizeiro, é verdade?

– Doutor, eu sou um médico homeopata, o qual o senhor já conhece. Se ser médico naturalista é ser raizeiro, então eu digo que o sou.

– Também a denúncia o acusa de estar envolvido com bruxaria. O que o senhor me diz disto?

– Dr. Honório, se fazer caridade, cuidar dos doentes, usar os recursos que a nossa flora nos oferece, ajudar os necessitados, compadecer-se dos sofrimentos alheios, sem se preocupar com pagamento, seguir os ensinamentos de Jesus é bruxaria, então eu repito: sou também um bruxo.

O padre, vendo que os seus planos caíram por terra, cabisbaixo, pediu licença e saiu sem esperar o resultado do julgamento.

Uma vez que nada foi provado, deu-se por encerrado o assunto.

– Eh!, companheiros, pelo visto o acusado está sendo vítima de uma perseguição infundada. O povo desta terra deve agradecer a Deus de ter com ele um anjo de sabedoria e bondade. Parabéns, dr. Rodrigo, o senhor é um herói. Que Deus o abençoe. Pelo que conheço de perto o meu colega, acho desnecessário fazer qualquer vistoria aos seus pacientes. Vamos sim, visitá-los e parabenizá-los por ter um grande médico entre eles.

Diante do contraste do esperado, o padre Roque, enfurecido ao saber do resultado, não se conformou e prometeu vingança com as próprias mãos, em alta voz.

Terminada a audiência, a comissão foi com Rodrigo ao casarão visitar os doentes que lá estavam sendo tratados. Todos ficaram surpresos com o que viram: No corpo do casarão funcionava um mini-hospital. Numa antiga senzala do casarão, os aposentos, que já eram decentes, serviam de albergue para os viandantes fatigados e mendigos. Acolá, noutras antigas senzalas, já reformadas, separadas por muros, pertencentes ao mesmo casarão, viam-se crianças carentes que ali eram abrigadas; uma espécie de Lar da Criança. No sobrado do casarão, foram adaptadas salas de aula para as crianças internas. Assim, cada cantinho do casarão foi aproveitado para alguma coisa útil. Pessoas voluntárias passaram a ajudar no que fosse possível. Os fazendeiros, por sua vez, cooperavam com mantimentos, carnes e outros; destarte, o casarão funcionava como consultório médico, como um mini-hospital, albergue, orfanato e ainda como escola.

A comissão de inquérito ficou tão entusiasmada com o que viu, que se propôs a ajudar na medida das suas possibilidades.

O médico amigo, dr. Honório, se comprometeu a vir à Várzea Grande, um fim de semana de cada mês, para ajudar o dr. Rodrigo na sua nobre tarefa.

Depois da visita, foram a Monte Alegre almoçar, conhecer as propriedades do casal, para depois retornarem a Salvador.

O padre Roque não se deu por vencido. Depois dessa investida, começou a arquitetar um novo plano diabólico para destruir Rodrigo; para o padre, essa destruição era questão de honra. Vale lembrar que o padre estava sendo vítima de uma obsessão de um espírito vingativo com quem Rodrigo contraíra débitos no passado distante.

O interessante é que as atitudes e o comportamento do padre Roque lá, na Paróquia, eram de uma forma; e, em Várzea Grande, eram de outra forma.

Um mês após a apuração das denúncias, o padre, como pretexto, retornou a Várzea para celebrar outra missa. Apesar de ser bastante divulgado por alguns carolas, foi mais uma decepção: a igreja permaneceu vazia; nem casamentos e batizados foram realizados, pois o descontentamento do povo com relação ao padre era muito grande.

Por esse motivo, a fúria exacerbada tomou conta dos sentimentos do padre, que, fora da sua razão, dominado por forças do mal, partiu para a destruição daquilo que fora feito com tanta dedicação, amor e carinho. Fingiu viajar, escondendo-se em seguida no mato até chegar a noite. Mais tarde, quando o vilarejo se encontrava em total silêncio, ele montou no seu cavalo e foi dar cabo de seu plano diabólico. Com uma garrafa de combustível, despejou-o nas portas e janelas do casarão e, com o fósforo, foi pondo fogo de uma a uma. Ao acender o fogo na segunda porta, o "tiro saiu pela culatra". O vento soprou a sua batina de encontro ao fogo, e esta, como se estivesse encharcada pelo combustível, transformou-se em uma única labareda. Correndo pela rua a pedir socorro, o padre parecia urrar, clamando por misericórdia. O povo acordou apavorado e viu aquele fogo móvel gritando por socorro. O casarão estava pegando fogo, precisava urgentemente ser socorrido; felizmente, só se queimaram as duas portas.

E o padre? Este já não tinha mais jeito. Com a roupa em cinzas,e o corpo queimado, não tinha mais forças para falar. Sofreu queimaduras de terceiro grau. Foi socorrido ainda com vida, no mini-hospital, o qual ele ousara destruir. dr. Rodrigo ainda teve tempo de demonstrar a pureza do seu coração. Compadecido, cuidou dos ferimentos do seu algoz, com a mesma dedicação que ele tinha para com todos os doentes; contudo, não teve jeito. O padre veio a falecer, dois dias depois, dando tempo de pedir perdão ao dr. Rodrigo, pelo mal que lhe fora causado por ele. Rodrigo, além de perdoá-lo, por sua vez pediu-lhe também perdão, se algum dia ele chegou a ofendê-lo.

O fato foi comunicado às autoridades eclesiásticas e à Delegacia competente. O sepultamento se deu em Várzea Grande. Embora todos soubessem que o comportamento do padre fora infame, foram feitas as exéquias condignas de um ministro de Deus. O próprio dr. Rodrigo Neto se encarregou de tomar as providências cabíveis, de modo que o médico caboclo põe a sua cabeça no travesseiro em paz com a sua consciência.

PRECEITOS DE SAÚDE

1- Guarde o coração em paz, à frente de todas as situações e de todas as coisas. Todos os patrimônios da vida pertencem a Deus.

2- Apóie-se no dever rigorosamente cumprido. Não há equilíbrio físico sem harmonia espiritual.

3- Cultive o hábito da oração. A prece é luz na defesa do corpo e da alma.

4- Ocupe o seu tempo disponível com o trabalho proveitoso, sem esquecer o descanso imprescindível ao justo refazimento. A sugestão das trevas chega até nós pela hora vazia.

5- Estude sempre. A renovação das idéias favorece a evolução do espírito.

6- Evite a cólera. Enraivecer-se é animalizar-se, caindo nas sombras de baixo nível.

7- Fuja à maledicência. O lodo agitado atinge a quem o revolve.

8- Sempre que possível, respire a longos haustos e não olvide o banho diário, ainda que ligeiro. O ar puro é precioso alimento e a limpeza é simples obrigação.

9- Coma pouco. A criatura sensata come para viver, enquanto a criatura imprudente vive para comer.

10- Use a paciência e o perdão infatigavelmente. Todos nós temos sido caridosamente tolerados pela Bondade Divina, milhões de vezes e conservar o coração no vinagre da intolerância é provocar a própria queda na morte inútil.

André Luiz

Médium: *Francisco Cândido Xavier*
Do Livro " Aulas da Vida" - Edição Ideal
Produção e distribuição: Grupo Espírita *"Os Mensageiros"*
C.P. 522 - Cep 01059-970 - São Paulo - SP
Distribuição Gratuita

www.mensageiros.org.br

18/04/2003 - Cinqüentenário do Grupo Espírita Os Mensageiros

XXXV

PROSPERIDADE – NOVA VÁRZEA

Passaram as horas, os dias, os anos. Nesta vida, quem luta por um ideal nobre sempre terá sucesso. Foi o que aconteceu com o nosso Rodrigo. A sua popularidade tornava-se cada vez mais notória. Várzea Grande foi a maior beneficiada nesse sentido. Dr. Honório, por sua vez, cumpriu o prometido: vinha uma vez por mês a Várzea Grande, como voluntário, para ajudar o dr. Neto na sua tarefa de amor.

Com a morte do padre Roque, a igreja ficou por algum tempo esquecida. O padre Manoel, tio de Rodrigo, pediu ao clero que lhe concedesse uma ordem para vir a Várzea Grande dar assistência aos fiéis. A licença foi concedida. Assim, no último fim de semana de cada mês, o padre vinha em companhia do dr. Honório. Desse modo, cada um por sua vez cumpria o seu sacerdócio com muito amor. Eles gostavam tanto, que acabavam ficando mais dias.

Cinco anos depois, Várzea Grande passou à condição de Vila. Dez anos mais tarde, graças aos trabalhos realizados, devotadamente, pelo dr. Neto, dr. Honório,padre Manoel, e com a ajuda e confiança do povo, houve a emancipação da Vila, passando a cidade, com o nome de Nova Várzea. Os conterrâneos convenceram Rodrigo a se candidatar como prefeito da nova cidade. De início, ele resistiu, mas, como era da vontade do povo, aceitou com satisfação.

Dispensam comentários os benefícios e o progresso alcançados por Nova Várzea. Se, antes, com parcos rendimentos, ela sofreu mudança, agora, então, sendo uma cidade com seus recursos próprios, bem direcionados, a sua transformação redobrou e tornou-se comentada.

Com a influência do dr. Rodrigo junto ao Governo do Estado, conseguiu-se que a linha férrea passasse na periferia de Nova Várzea. Assim, foi criada uma estação de trem, que trouxe também melhora para a cidade.

O prefeito da nova cidade, com o incentivo do dr. Honório e do padre Manoel, e com a aquiescência do Governo, fundou, também, um asilo para abrigo e tratamento de doentes mentais, pois eles tinham plena certeza de que muitos que diziam ser doidos não passavam de ter uma mediunidade não desenvolvida.

A inauguração da estação ferroviária e do asilo se deu no mesmo dia pelo governador da Bahia, que no seu discurso demonstrou o seu entusiasmo, elogiando a beleza e organização da nova cidade, prometendo ao prefeito o seu apoio no que fosse possível. O asilo recebeu o nome de VIDA E ESPERANÇA. Inaugurou-se com doze asilados. Com o passar do tempo, o número foi aumentando.

A dedicação, o amor e o desprendimento do médico em questão eram tão grandes, que uma aura de luz o envolvia de tal forma, que "quem tivesse olhos de ver e ouvidos de ouvir" sabia da intensidade daquele amor.

O Vida e Esperança era dividido em alas

consecutivas. Cada doente, de acordo a sua recuperação, ia se mudando. Em cada ala era desenvolvido um tipo de atividade, mediante a condição psicológica e a capacidade de cada um. Semanalmente, fazia-se o Evangelho no Lar e eram ministrados os passes magnéticos; aqueles internos mais mansos assistiam a missas, uma vez por mês.

Os doentes recuperados eram acolhidos pelas suas respectivas famílias; àqueles sem amparo familiar, a Prefeitura se encarregava de dar emprego de acordo com as possibilidades deles.

Todo asilado só seria liberado após passar três meses pela Ala Superior. Depois de comprovada a cura espiritual, ele passaria por um período de observação, na condição de mensalmente vir fazer revisão médica, tomar passes e assistir às missas mensais, mesmo se estivesse empregado. Essa era uma das normas do Asilo Vida e Esperança. Depois de um ano, se tudo estivesse normal, sem alteração, seria, então, liberado em definitivo. Muitos dos doentes recuperados se transformavam em trabalhadores da fileira espírita. Com o passar do tempo, Nova Várzea tornou-se um centro de convergência espiritual, graças aos trabalhos sérios, edificantes e redentores daqueles seareiros do amor.

Os filhos de Nova Várzea, vendo o exemplo de amor e dedicação daqueles médicos benfeitores, muitos deles tiveram o gosto despertado pela Medicina e foram estudar em Salvador, para ser, cada um, mais um médico para a sua terra.

Desse modo, a prefeitura alugou uma Casa do Estudante de Nova Várzea, na capital, para dar a oportunidade a todos da sua região que quisessem seguir uma carreira de curso superior.

XXXVI

O OBSIDIADO

Vinte anos se passaram. Muitos acontecimentos surgiram. Muitos se foram e muitos retornaram.

O casal Rodrigo/Cayana já tinha uma prole de oito filhos, pois pretendiam ter quantos fossem enviados por Deus.

Os nomes dos seus filhos, pela ordem cronológica: Cayã Neto, Bartira, Andiara, Cayque, Indira, Jupira, Cayru e Jacira. Observa-se que todos os nomes são indígenas, sendo cinco mulheres e três homens. Os primeiros já estavam estudando em Salvador. O Cayãzinho seguiu a carreira do pai, médico. Os outros talvez escolhessem áreas diferentes. Ainda era cedo para decidir.

Numa tarde de domingo, quando Rodrigo descansava deitado na rede na sua casa em Monte Alegre, veio um comunicado da direção do Asilo: havia chegado um doente perigoso. A polícia o levara algemado.

Ao ouvir o comunicado, o médico-caboclo deu um pulo da rede e sentiu algo mais forte, que lhe dizia:

– Cuidado! Esse é para vocês...

Dez minutos apenas, dr. Neto já estava lá, no Vida e Esperança.

Ao deparar com aquele enfermo mental, Rodrigo sentiu um arrepio. Era o assassino de Cayã, seu pai, o Tiãozinho, que, outrora, estivera numa emboscada para matar Cayana a mando do seu pai, Epifânio.

O doente se encontrava num estado lamentável: todo esfarrapado, cabelos e barba brancos e compridos, a boca cheia de tocos pretos de dentes. Ao olhar para o médico, ele rosnou, ameaçando-o de tal modo, que até os policiais tiveram medo.

– Eu mato você, como matei o seu pai.

Rodrigo, com a maior calma do mundo, disse:

– Tiãozinho, o que aconteceu com você? Por que você está assim? Levem-no para a Ala Forte, tirem as algemas. Não quero nenhuma violência – ordenou o médico.

Libertado que foi das algemas, o doente começou a arrancar as suas barbas e os cabelos. Rodrigo impôs as mãos e aplicou-lhe passes magnéticos. Ele se acalmou; em seguida, dormiu no chão.

A partir desse momento, o médico reuniu os seus companheiros de trabalho e fez uma sessão de atendimento na intenção do Tiãozinho. Ambos foram socorridos: encarnado e desencarnado.

À proporção que os trabalhos eram realizados, a melhora dos doentes ia acontecendo. O tempo foi passando, o Tiãozinho foi mudando de ala, já com outra aparência, cabelos cortados, barba feita, etc.

Cayana ia sempre com duas companheiras voluntárias, três vezes por semana, à Ala de Recuperação, prestar os seus serviços de caridade. Numa dessas visitas, o Tiãozinho se encontrava lá. Cayana se estremeceu toda; mesmo assim, ela não deu demonstração. Com jeito, ela perguntou:

– Oi, Tiãozinho, está tudo bem com você?

Ele fechou o cenho e, com um ar de assombro, respondeu:

– Não. Eu quero é sair deste inferno. Não olhe para mim, que seus olhos me queimam, você veio se vingar de mim e está dando uma de boazinha para poder me conquistar e depois me pegar na traição; mas, antes que isso aconteça, eu lhe mato outra vez, como fiz com aquele índio miserável.

Cayana saiu chorando e viu o perigo que estava enfrentando. Correu para a Ala Superior, deitou-se no sofá, em prantos. Sentiu um ligeiro passamento e na sua mente vão se desenrolando cenas confusas do seu passado não muito distante. Ela fica com a sensibilidade abalada. Passou alguns dias sem retornar ao Asilo. O doente foi mudado para uma Ala inferior, embora o seu comportamento voltasse a melhorar.

Cayana se recuperou do choque, continuou com o seu trabalho edificante, porém sem a presença dele. Para evitar constrangimento, toda vez que ela ia com as amigas fazer o seu trabalho no Asilo, o Tiãozinho era retirado, sem ele perceber o porquê.

Com o passar do tempo, ele foi se promovendo, chegando à Ala Superior, até que recebeu alta.

Rodrigo mais uma vez demonstrou a nobreza do seu caráter e a grandeza do seu coração. Embora sabendo muito bem que aquele homem tirou a vida terrena de seu pai, o índio Cayã, nem por isso ele o deixou jogado pelas ruas. Arrumou-lhe um emprego da Prefeitura para cuidar do jardim da praça Municipal. Assim, aquele homem, outrora considerado um doente perigoso, parecia pacato, obediente, cumpridor dos seus deveres, não deixando suspeita de desconfiança. Pensava-se em encostá-lo, pois já estava bem idoso, avizinhando-se dos seus oitenta anos; todavia, não se mostrava cansado. Por conta disso, concluía-se: se lhe tirar o seu trabalhinho, o pobre homem vai se sentir inútil. Deixe-o que fique.

XXXVII

O TRABALHO EDIFICANTE

Quando se cultiva a fraternidade com otimismo e amor, a paz reinará sempre no nosso dia-a-dia, abrindo-se, assim, um espaço harmonioso em nosso coração, preenchendo o vazio da ociosidade, elevando os nossos valores morais. Se cada um de nós fizer um pouquinho da nossa parte em benefício do nosso irmão, a miséria, com certeza, se amenizará ou, talvez, deixará de existir e, conseqüentemente, sentir-nos-emos mais felizes em podermos ajudar o nosso próximo.

Esse era o maior sonho do caboclo. Ajudar os menos favorecidos da sorte. Com o passar dos anos, os trabalhos edificantes foram centuplicados em todos os sentidos. O antigo casarão sofreu grande transformação: foi restaurado e ampliado de acordo com a inspiração recebida pelos seus dirigentes; foi adaptado aos moldes de uma verdadeira Colônia Espiritual. Grande era a vibração de paz que reinava naquele ambiente. Todos que por ali passavam, quer como pacientes ou como obreiros, notavam a sua transformação moral. Nessa altura dos acontecimentos, Nova Várzea tornou-se uma cidade espírita; gente de todos os lugares ia visitá-la, uns em busca de consolo espiritual, outros de tratamento, e muitos deles seguiam o seu paradigma, levando a semente do amor ao próximo às suas cidades de origem. O melhor exemplo que se dá não é através de palavras e, sim, de realização. E ele, o médico caboclo, tinha plena convicção de que estava com a consciência tranqüila, do dever cumprido ao lado da sua companheira.

Convém ressaltar que muitos anos se passaram. Muitos se foram e muitos chegaram. O casal Rodrigo/ Cayana já estava festejando o seu qüinquagésimo aniversário, pois, como sabemos, eles nasceram no mesmo dia. Almas gêmeas, nasceram um para o outro.

Com tanto trabalho e responsabilidade, contudo não lhes faltava o tempo para o lazer e diversões, como passeios campestres, banho de rio, e ainda lhes sobrava tempo de ir a Salvador visitar os seus familiares e pegar uma praia de vez em quando. De tempo em tempo, o casal viajava aos diversos pontos pitorescos do Brasil. Rodrigo, por ser uma pessoa super organizada, seus planos eram muito bem projetados e cronometrados. Também ele soube passar as suas experiências às outras pessoas, capacitando-as a substituí-lo na sua ausência. A semente já estava lançada. Era só cultivá-la com amor. Rodrigo estava feliz e mais ainda ficou depois de uma longa viagem de três meses feita a Portugal. Ao retornar, encontrou tudo na mais perfeita ordem, sem nenhum problema.

– Estou satisfeito, pois sei que posso confiar plenamente nos meus companheiros. Nova Várzea está realizada. Estamos colhendo os frutos esperados. Que os nossos esforços sejam contínuos, para que a produção seja sempre cada vez mais farta. Sei que já não faço falta, isto é, a nossa equipe de trabalhadores está apta a "puxar o arado sem olhar para trás".

Concluiu Rodrigo: "Dou graças a Deus por ver o meu sonho realizado."

XXXVIII

A FONTE DO DESTINO

Era uma tarde de um domingo de verão, o dia estava quente, o vento soprava morno, devido à estiagem do mês de janeiro. Precisava-se de chuva. A agricultura estava ameaçada de se perder. O céu, limpo, nenhuma nuvem esperançosa de chuva. O que fazer? Estava nas mãos de Deus...

Dezesseis horas. O casal pegou os seus apetrechos de banho e saiu. Chegaram à beira do rio, sentaram-se na areia seca da margem, conversando e fazendo algumas reflexões. Cayana sentiu uma forte intuição:

– Guigo, vamos àquele lugar?

– Que lugar, Cay?

– Aquele do meu sonho, quando ganhei o Cayãzinho.

– Ah, já sei, vamos sim.

Eles seguiram rio acima até que chegaram ao paraíso de Aparecida e do índio Cayã. Aquela fonte lhes dizia muita coisa, ou talvez, tudo o que eles precisavam saber. Rodrigo experimentou uma emoção nunca antes sentida e disse:

– Foi aqui que fui concebido. Minha mãe, tão ingênua, que nem o seu próprio nome sabia; meu pai, um índio, um selvagem. Os dois se amaram numa angelitude abençoada por Deus, o que me trouxe ao mundo. Foi assim que aqui cheguei. Quanta grandeza, meu Pai!...

Nesse momento, o casal despiu-se de suas vestes materiais e caiu na água fresca da fonte. Cayana, em estado de êxtase, passou por uma ligeira regressão de memória; foi como se estivesse delirando e começou a dizer:

"Numa manhã nublada, o Sol se escondia atrás das nuvens, fazia muito frio. A nossa tribo estava ali. Uns pegando lenha para manter o fogo aceso, outros na caça, alguns caçando frutos silvestres e outros à volta do fogo, proseando, enquanto se aqueciam. Assim estava vivendo o nosso povo, sem nenhuma maldade no coração. Temíamos o homem branco que expulsava os índios.

Fomos pegos de surpresa. Eis que chega uma cavalaria de homens fortemente armados, para expulsar-nos. Muitos dos nossos foram rendidos, homens e mulheres. E eu, ainda menino, com doze anos de idade, como que por milagre, consegui fugir das matas de Jurema, pois era assim que aquele lugar se chamava. Fugi, sozinho, por muitos dias, dormindo escanchado nos galhos das árvores. Andei sem destino, não sei por quanto tempo, até que me aproximei destas terras, que me pareceram tranqüilas. Vivi sozinho nestas matas em companhia dos meus amigos, bichos do mato. Eu era também como um desses bichos, pois eu nada sabia, além do instinto humano. Até que, um dia, vi a minha doce Aparecida tomar banho aqui neste mesmo lugar deste rio. Eu, no topo daquela árvore, fiquei observando-a, até que, um dia, criei coragem e joguei um pedacinho de pau em sua direção. Ela olhou para cima e me viu. Sorriu e acenou para que eu descesse. Timidamente e muito desconfiado o fiz. Amamo-nos. Éramos felizes. Aquele infeliz homem branco tirou a minha vida. Ele pensa que a tirou, mas não morri, porque estou aqui. Hoje, sou mulher casada com o meu próprio filho, porém isso não é importante para o mundo material, porque os laços sangüíneos são outros. O que importa para nós é o amor. Somos almas afins, gêmeas. São os desígnios de Deus. A nossa missão está cumprida. De hoje em diante, os dias que virão nesta existência terrena se constituirão como bônus ao nosso favor."

Em Nova Várzea, Tiãozinho, depois de cuidar do jardim, foi à igreja, sentou-se num banco, fez uma reflexão: sentiu que a sua existência estava chegando ao fim, que o seu coração não estava muito bom. Então, ele orou com fervor, pedindo perdão a Deus pelos seus erros cometidos. Arrependido e envergonhado dos seus atos, saiu da igreja e foi direto à fonte de Sol Nascente onde ele, um dia, matou o índio Cayã. Foi para fazer reflexão e pedir perdão a Deus.

Ele, nem por longe, supunha que iria encontrar por lá o casal, despido, como outrora encontrou o índio Cayã e Aparecida, por quem ele nutria grande afeição.

Ao aproximar-se da fonte, ele ouviu sussurros e deduziu que havia gente. Sorrateiramente se escondeu. O cachorrinho Veludo, que sempre acompanhava o casal nesses passeios, começou a latir. Não teve mais como se esconder. Cayana, ao ver aquele homem, deu um grito aterrorizador. Rodrigo a abraçou, protegendo-a de qualquer coisa que viesse a atingi-la.

– Calma, calma, não quero fazer-lhes nenhum mal. Eu vim aqui, neste lugar, para pedir perdão a Deus, pelos meus erros – o homem ajoelhou-se diante do casal e chorou, arrependido, ao mesmo tempo em que lhes pedia perdão. O casal se vestiu rapidamente e ajudou o velho a se levantar. Rodrigo disse:

– Vá em paz, meu irmão, que Deus o abençoe.

No dia seguinte, Tiãozinho não apareceu no jardim.

"Será que está doente?" – pensou o seu colega jardineiro, o velho Josep.

Foram ver, a porta do seu quartinho só estava encostada e o corpo do Tiãozinho jazia frio na cama.

– Tiãozinho morreu, Tiãozinho morreu – anunciava, chorando, o velho Josep.

Logo que o velho se foi daquela fonte, eles se sentaram novamente na areia para fazer uma reflexão sobre o ocorrido.

Cayana, desde que voltara a si, trouxera bem viva na sua memória a lembrança de tudo o que foi dito.

Rodrigo receava tocar no assunto, pois presumia que algo iria mudar. Então, ele deixou que ela falasse primeiro.

– Guigo, meu filho, estou me lembrando de tudo...

Rodrigo estremeceu quando ouviu a expressão "meu filho". Abraçou a sua amada e ambos choraram convulsivamente.

– Cay, não vamos contar esta nossa história a ninguém. Só vai ficar entre nós. O que você acha?

– Olhe, Guigo, na minha opinião, duas pessoas precisam saber: uma é o nosso tio, padre Manoel; e a outra é o dr. Honório.

– Está certo. Concordo com você. Vamos embora para casa, pois sinto que você precisa descansar.

O trajeto para casa foi em total silêncio. Rodrigo temia que essas recordações fossem mexer com o emocional da sua esposa e que algo na vida do casal pudesse mudar. Enquanto lhe surgiam esses pensamentos, ela observava a inteligência do cachorrinho Veludo, que corria na frente e quando atingia uma certa distância, parava, aguardando os seus amigos se aproximarem. Foi assim, até que chegaram à sua casa em Monte Alegre.

Cayana, muito calada, trocou de roupas, recolhendo-se em seguida ao seu aposento. O esposo, preocupado, aguardava o desenrolar dos acontecimentos.

Notemos que aquela retrospectiva da vida Cayã/ Cayana veio a abalar muitíssimo o relacionamento da sua vida conjugal. A partir daí, eles, carinhosamente, dividiam o mesmo leito, porém, como mãe e filho, num amor muito fraterno. O médico-caboclo entendeu a posição de sua companheira. Dessa forma, não quis forçar nada. Ela, por sua vez, autorizou seu companheiro que, se assim o quisesse, procurasse um relacionamento sadio, extra-conjugal, que ela iria entender. Ele, porém, descartou a hipótese, afirmando-lhe que jamais faria isso.

Três meses depois, Cayana teve uma parada cardíaca, desprendeu-se do seu invólucro carnal, deixando este mundo físico, e foi habitar no mundo espiritual, levando uma consciência tranqüila, de paz e serenidade, por uma missão cumprida.

E Rodrigo, ao lado dos seus filhos, viveu a sua viuvez com dignidade, certo de que "O SONHO DE UM CABOCLO" foi realizado com muito amor.